AF226586

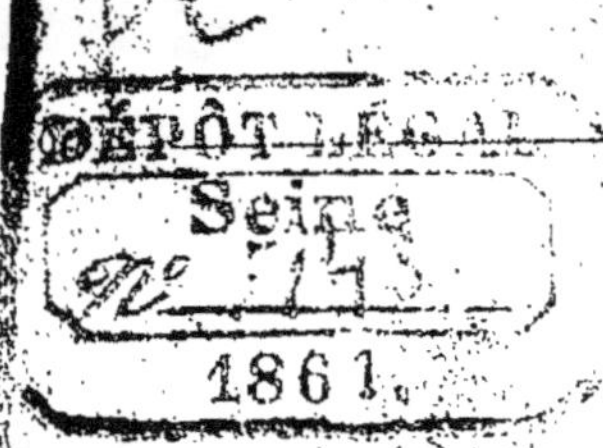

A
MES JUGES

MA VIE ET MES AFFAIRES

PAR

J. MIRÈS

PARIS
CHEZ LES PRINCIPAUX LIBRAIRES
1861

A MES JUGES

Paris.— Imp. de la Librairie nouvelle, A. Bourdilliat, 15, rue Breda.

A

MES JUGES

MA VIE ET MES AFFAIRES

PAR

J. MIRÈS

PARIS

CHEZ LES PRINCIPAUX LIBRAIRES

1861

A MES JUGES

—

MESSIEURS,

La dernière phase de la réaction, qui depuis si longtemps me poursuit, vient de se produire. Elle est soumise à vos arrêts, et vous allez en prononcer le dernier mot.

Il y a cinq ans, lorsqu'on discutait au Corps Législatif la loi sur les sociétés en commandite, je pouvais mesurer d'avance, d'après la nature des amendements proposés [1], le temps qu'il fau-

---

[1] M. Jubinal avait présenté un amendement pour que nul ne pût être gérant de deux sociétés en commandite ; l'auteur de cet amendement avait pensé, sans doute, que j'abandonnerais la gérance du *Constitutionnel* pour me consacrer uniquement aux affaires financières. Cet auteur de l'amendement, qui avait prié M. Jubinal de le présenter, était M. Véron.

Un autre amendement demandait que les établissements financiers formés en commandite, qui, dans les six mois,

drait pour que la réaction financière, après avoir dispersé ou détruit les mauvais éléments de la spéculation, atteignît aveuglément l'élément honnête, l'élément utile et fécondant.

C'est ainsi que marche le courant des idées humaines, ne s'arrêtant jamais qu'après avoir dépassé le but, pour revenir ensuite en arrière et le dépasser encore. Mais, s'il est permis à la foule de s'abandonner sans contrainte à son impulsion irréfléchie, combien ne doit-on pas regretter que les pouvoirs publics y cèdent au lieu de combattre, et que les hommes mêmes qui sont appelés le plus naturellement à modérer et au besoin à corriger l'opinion, aiment mieux s'en faire les complaisants que les censeurs, dans la crainte puérile d'en être à leur tour les victimes.

Ah! je le reconnais, il faut du courage pour se jeter dans la mêlée, pour défendre un intérêt social, comme il en faut pour se précipiter sur la mèche et étouffer la flamme qui menace l'édifice.

Ce courage, qui donc l'a montré contre la

ne seraient pas transformés en sociétés anonymes, devraient être liquidés. Cet amendement était présenté par M. Latour-Dumoulin.

réaction financière ? Les plus convaincus se sont bornés à réserver leur opinion intime ; les autres se sont au contraire fait un mérite d'avoir arraché chacun une pierre aux œuvres qui avaient fait la grandeur de la France.

Or, ce qu'il y a de plus grand dans les premières années du rétablissement de l'Empire, c'est le magnifique épanouissement industriel et financier qui, au même titre et avec autant d'évidence que le suffrage unanime du pays, a démontré, en face de l'Europe, que la France avait retrouvé sa véritable assiette, et que l'union était complète et sincère entre elle et le gouvernement.

Qu'on se rappelle l'effet magique que produisit le succès du premier emprunt créé pour la guerre de Crimée ? Le premier coup de canon n'était pas encore tiré, et déjà l'on voyait que la Russie serait battue ; car le crédit, cette arme, plus puissante que les canons rayés, s'était déclaré pour l'Empereur des Français, tandis qu'il avait abandonné le czar.

Entre cette situation et celle d'aujourd'hui, quelle est la différence ? La France n'est pas moins puissante ni l'Empereur moins glorieux. Mais qu'est devenu le marché des capitaux, et où le crédit prendrait-il son point d'appui si l'on avait à l'invoquer encore pour quelque grande entreprise politique et nationale?

Quoi qu'il en soit, je le répète, messieurs, vous allez dire le dernier mot de cette longue et pénible lutte; car le procès qui est soumis à vos lumières et à votre intégrité, va montrer, comme je l'avais prédit, qu'après avoir poursuivi et frappé les gérants de sociétés en commandite qui avaient manqué à leurs devoirs, la réaction a conduit sur le banc de la police correctionnelle, un gérant à qui l'on n'a d'autre reproche à faire que d'avoir servi et défendu avec désintéressement et abnégation les intérêts qui lui étaient confiés.

Daignez agréer,

MESSIEURS,

L'expression des sentiments respectueux de votre très-humble et très-obéissant serviteur,

J. MIRÈS.

MA VIE

I

M. Durand, ancien chef de division à la préfecture
de la Gironde, actuellement propriétaire et rédacteur
en chef du *Mémorial bordelais*, eut un jour l'honneur
d'être reçu en audience particulière par l'Empereur
Napoléon III. Pendant cet entretien, Sa Majesté lui
demanda s'il avait connu à Bordeaux, M. Pereire et
M. Mirès ; M. Durand répondit : « Pour M. Pereire [1]
» je ne l'ai jamais connu ; mais pour M. Mirés il était
» de mes amis pendant qu'il habitait Bordeaux, et nos
» relations d'amitié n'ont pas cessé depuis ce temps. »

[1] MM. E. et I. Pereire étaient très-jeunes quand ils quit-
tèrent Bordeaux ; cela devait être vers 1822.

— Ah ! dit l'Empereur, vous avez connu M. Mirès à Bordeaux et vous étiez lié avec lui ?

— Oui, Sire, répondit M. Durand qui ne comprit pas la portée de cette exclamation de Sa Majesté.

Mais lorsque M. Durand me raconta cet entretien, qui eut lieu vers 1858, j'en jugeai la valeur. Il était évident, à mes yeux, que les suppositions malveillantes répandues contre moi, étaient parvenues jusqu'à l'Empereur. Ces suppositions appliquées soit à mon passé, soit à mon origine, avaient laissé une trace dans l'esprit de sa Majesté ; et l'Empereur s'étonnait, avec quelque raison, qu'un homme comme M. Durand, qui a toujours joui, à Bordeaux d'une grande considération, eût été lié, dans sa ville natale, avec moi, que les pamphlétaires avaient représenté comme un vagabond, qui, disaient-ils, ouvrait à Bordeaux les portières des voitures !

Maintenant, je le reconnais avec douleur, j'ai eu tort de mépriser l'influence de ces misérables écrits, puisqu'ils avaient du retentissement jusque dans les plus hautes régions. Mais fatigué, surchargé de travail, tourmenté par des préoccupations sans nombre, par des engagements formidables, aux prises avec des difficultés chaque jour renaissantes, et sous le poids de responsabilités énormes, je croyais que le mépris était une réponse suffisante à des gens qui faisaient métier de scandale et de diffamation.

Arrivé au terme de ma carrière, brisée par un douloureux événement, je dois, cependant, pour mon honneur, pour ma famille, rectifier par un exposé sincère de ma vie, toutes ces publications passionnées, malveillantes et intéressées.

II

Je suis né à Bordeaux, dans le mois de décembre 1809. Mon père, Mathieu Mirès, avait un magasin dans la Bourse de Bordeaux, où il faisait le commerce de l'horlogerie et des monnaies. Les registres de location de la Chambre de commerce de Bordeaux indiqueraient l'emplacement de ce magasin. Je perdis ma mère en 1815, et j'entrai peu de mois après comme externe, dans la pension de M. Jolly, dont le fils, ingénieur civil, habite encore Bordeaux.

Si mes souvenirs sont fidèles, j'avais sept ans lorsque j'entrai chez ce professeur ; ce devait être vers l'année 1816, car je me souviens encore des exemples qu'on nous donnait à copier pour former notre écriture. Ils étaient conçus à peu près en ces termes : *Vivent nos amis les ennemis !* ou bien : *Réjouissons-nous ! les alliés sont entrés dans Paris ;* ce qui semblait tout naturel en ce temps-là, dans la ville qui le 12 mars avait ouvert ses portes aux Anglais.

Je sortis de la pension de M. Joly en 1822, à l'âge de douze ans, pour entrer en qualité de commis chez M. Beret, marchand de verroteries, dont le fils, M. J. Beret est actuellement procureur général à l'île de la Réunion.

En 1828, je quittai M. Beret, qui m'avait toujours montré l'affection d'un père. Quoique les affaires de cette maison de commerce fussent relativement considérables, elles se composaient surtout d'une masse de détails, et le sot démon de l'orgueil me faisait déjà rêver un commerce plus étendu ou plus important. Pauvre esprit que le mien! je fis comme l'oiseau, je quittai le gîte heureux pour courir l'aventure !

En quittant M. Beret, en 1828, j'entrai chez M. Ledentu, négociant commissionnaire, où je restai jusqu'en 1831. Vers cette époque, M. Ledentu s'était associé avec M. Hannapier, qui, depuis la mort de M. Ledentu, est resté le chef de cette maison. M. Hannapier m'a quelquefois témoigné un souvenir bienveillant de l'époque où j'étais son commis.

Cette association avait eu pour effet d'accroître les affaires de la maison Ledentu, affaires pour lesquelles j'étais devenu insuffisant. Cette insuffisance venait surtout d'un défaut de connaissances premières. Par exemple, je n'avais appris de la langue française que quelques éléments puisés dans Lhomond, et encore avais-je quitté la pension de M. Jolly lorsque je n'en avais qu'une connaissance très-imparfaite. MM. Ledentu et Hannapier me remplacèrent dans le courant de l'année 1831, et je me trouvai sans emploi.

Je travaillai alors comme expéditionnaire pour la direction des contributions directes de la Gironde, et j'entrai, dès 1831, dans les bureaux spéciaux formés chez M. Pillod, géomètre en chef du cadastre. Ces bureaux avaient été créés pour relever les évaluations cadastrales des propriétés urbaines et rurales de Bordeaux, et préparer ainsi la confection des rôles fonciers. Je travaillai chez M. Pillod jusqu'en 1833, époque où, ce travail étant fini, je fus adjoint à M. Albespey, contrôleur des contributions directes pour l'un des quartiers de Bordeaux ; je crois même que ce fut vers cette époque que j'adressai une demande au ministre des finances pour être admis dans l'administration des contributions directes. Cette demande, appuyée par M. Destor, directeur à Bordeaux, fut écartée par le directeur général, parce que je ne remplissais pas le programme des connaissances premières qu'il fallait posséder pour être admis.

Mon travail à la direction des contributions, chez M. Pillod et chez M. Albespy, comme les travaux divers auxquels je m'étais livré dans les bureaux de la direction centrale m'avaient donné la connaissance assez approfondie de la législation sur cette matière. Une circonstance particulière, en mettant à ma disposition quelques documents, me permit de mettre ces connaissances à profit, comme on va le voir.

Le travail que j'avais fait chez M. Pillod devait être transcrit sur des matrices et former la base des rôles de l'impôt foncier. Me hâtant d'exécuter ce travail pour en recevoir plus promptement le prix, je l'avais fait d'avance et sans ordre, en utilisant le modèle qui avait servi, l'année précédente, à la confection des rôles. Or, ce fut précisément à cette même époque que l'impôt des portes et fenêtres, qui avait été jusque-là un impôt de répartition, fut transformé en impôt de quotité.

Il en résulta que tout le travail que j'avais fait devint inutile, et, comme je l'avais entrepris d'avance, avant qu'il ne fût officiellement commandé, je ne pus en exiger le prix : seulement, on m'accorda, comme compensation, de conserver mon travail, dans la pensée que la vente au poids de ces registres, devenus inutiles, m'indemniserait en partie de ma perte.

Je ne fis pas cette vente, et lorsque le cadastre de la ville de Bordeaux fut appliqué, je me trouvais en possession des évaluations données à la presque totalité des maisons de Bordeaux.

J'avais donc à ma disposition des moyens de comparaison qui facilitèrent les rectifications cadastrales que je fus chargé de réclamer pour une certaine quantité de propriétaires trop fortement taxés. Ce genre d'affaires assura pendant quelques années une existence assez aisée à ma famille dont j'étais devenu le soutien à la mort de mon père en 1835 [1].

Il n'est peut-être pas inutile de rappeler ici que lorsque mon père mourut il avait un magasin situé galerie Bordelaise, dans lequel il faisait encore le commerce de l'horlogerie et des monnaies, absolument comme vingt ans avant dans son magasin de la Bourse.

Les réclamations contre les évaluations cadastrales de la ville de Bordeaux, dont j'avais pris l'initiative, avaient excité quelque mécontentement de la part de l'administration ; voyant tous les ans se produire de nouvelles réclamations, elle essaya d'y mettre un

---

[1] Mon père en mourant laissa sans fortune trois filles qui, depuis cette époque, n'ont eu d'autre appui que moi. Quoique je n'aie aucune raison pour ne pas parler de ma famille, qui a toujours été honorablement connue à Bordeaux, je me borne à retracer ici ce qui a rapport à mon existence personnelle, uniquement pour combattre les mensonges accrédités, car je ne me crois pas un personnage assez important pour occuper l'attention de ce qui me touche indirectement et je n'ai la volonté ni l'intention d'écrire des mémoires. Je ne veux que rectifier les mille et une faussetés répandues contre moi et dire la vérité sur ma carrière financière. On me rendra cette justice que je n'ai pas choisi la circonstance pour occuper l'opinion de ma vie et de ma personne.

terme. Par une mesure générale prise en 1838 ou 1839, et appuyée sur une disposition d'une ordonnance de 1821, le conseil de préfecture repoussa par une fin de non-recevoir toutes les réclamations nouvellement présentées. Il fallut en appeler au conseil d'État; le succès fut complet et l'arrêté du conseil de préfecture de la Gironde fut cassé dans l'année 1841, je crois. Mais plusieurs années s'étaient écoulées entre l'arrêté du conseil de préfecture et la décision du conseil d'État; pendant ce temps, mes ressources s'étaient épuisées, il fallait une année encore pour l'instruction des réclamations, je ne voulus pas attendre et je me décidai à tenter la fortune à Paris où j'arrivai en 1841.

J'essayai d'abord, comme la plupart des Bordelais sans ressources, le placement des vins; mais sans connaissances, sans appui, sans capital, je fus en peu de mois complétement découragé. J'essayai de reprendre à Paris les réclamations cadastrales qui, pendant quelques années, m'avaient réussi à Bordeaux. J'employai à ces tentatives les années 1842 à 1844, mais je ne réussis guère, l'administration à Paris se montra si hostile, que je fus promptement découragé; j'avais monté, place Louvois, une agence spéciale pour les contributions directes, avec M. Deville; mais après des essais infructueux, l'agence fut dissoute sans autre perte que les frais faits, qui furent intégralement payés.

Ce fut alors que vers la fin de 1844 j'entrais à la

Bourse pour y faire la négociation des promesses d'actions. Ce commerce était alors florissant, et dès mon début j'y obtins un succès relatif, qui me donna pour les opérations financières un goût que je n'avais ressenti pour aucun autre genre d'affaires.

L'année 1845 marqua la fin de l'époque de fièvre industrielle où l'on vit naître ces grandes compagnies de chemin de fer, dont la constitution a si fortement contribué au développement des richesses mobilières.

La loi de juillet 1845 qui défendit la négociation des promesses d'actions, et qui frappa d'incapacité législative les administrateurs des compagnies de chemins de fer, vint arrêter dans son cours la prospérité de cette époque, comme on l'avait fait en 1841 pour la période commencée en 1838 et comme on l'a vu de nos jours pour la belle période de 1852 à 1856.

Sous l'influence hostile aux affaires de la loi de 1845, nulle entreprise nouvelle n'étant plus probable, il se produisit alors comme en 1841, et comme aujourd'hui, un débordement d'accusations contre la Bourse, les affaires et les hommes qui les avaient dirigées ; chacun se défendait d'y avoir participé, comme on se défend d'avoir commis une mauvaise action ; certaines gens rougissaient comme des coupables, si l'on apprenait qu'ils eussent gagné de l'argent sur des actions ou des promesses d'actions. Il n'en fallait pas tant pour faire disparaître toutes les négociations qui avaient alimenté jusqu'alors le marché irrégulier. D'ailleurs, à peu près à cette époque, les compagnies concessionnaires des chemins de fer avaient échangé les promesses d'actions contre des actions définitives des diverses compagnies fusionnées et dès lors le mouvement des affaires sur les actions passa aux agents de change.

Ce changement dans le marché me détermina à entrer comme intermédiaire chez M. Victor Michel, agent de change. Je m'y trouvais encore en 1848, lorsqu'éclata la révolution de février.

Cette révolution, qui bouleversa la société jusque dans ses fondements, se fit sentir surtout sur le marché des valeurs mobilères. La différence dans les prix des valeurs et de la rente entre le cours moyen du mois jusqu'au 23 février et les prix auxquels étaient ces valeurs lorsque se rouvrit la Bourse après la catastrophe, rendait toute liquidation impossible; il fallut établir, sous le nom de cours de compensation, un prix moyen pour chaque valeur.

Toutes les opérations engagées se réglèrent d'après ces cours; mais les affaires et la spéculation furent complétement arrêtées pendant les premiers temps qui suivirent la réouverture de la Bourse. Les hommes les plus importants de la coulisse ne voulaient plus reprendre les affaires, et les agents de change eux-mêmes, préoccupés et incertains, avaient considérablement restreint leur crédit et la plupart supprimèrent les intermédiaires : je perdis ainsi ma position chez M. Victor Michel.

Dans le mois de septembre 1848, M. Millaud me proposa d'acheter avec lui le *Journal des chemins de fer*, j'acceptai et je commençai alors cette série d'entreprises qui m'a valu tant de critiques malveillantes, sans que les esprits partiaux aient considéré que la publicité même à laquelle j'avais recours était la preuve de ma sincérité. On n'a même pas voulu considérer que toutes les affaires ou entreprises que j'ai créées sont toutes debout, en pleine activité, que les unes ont reçu la sanction du gouvernement par la forme anonyme qui leur a été accordée, et que les autres étaient des emprunts d'État.

Quoi qu'il en soit, et sans vouloir faire actuellement un exposé de mes idées en matières financières, exposé que je me réserve de faire plus tard; je dirai toutes les affaires que j'ai faites, parce que je veux que ma vie et mes actes soient connus; c'est ce sentiment qui m'a guidé en relatant successivement les diverses phases de mon existence, afin de réduire à leur juste valeur les imputations mensongères dont j'ai été l'objet.

Sous ce dernier rapport, je ferai remarquer que, né à Bordeaux en 1809, ne l'ayant jamais quitté avant 1841, c'est-à-dire à l'âge de trente-deux ans, si ma carrière dans ma ville natale n'eût pas été sans reproche, qui donc l'aurait ignoré ? La malveillance aurait-elle négligé de mettre au jour la partie fâcheuse de ma vie, si elle avait pu l'invoquer pour nuire à ma considération? Aussi, ai-je rappelé à dessein le nom du maître de la pension où je suis entré à sept ans, et que j'ai quitté à douze ans, parce que M. Joly, son fils, vit encore à Bordeaux; le nom de M. Beret, chez qui je suis entré en qualité de commis à l'âge de douze ans, en sortant de chez M. Joly, et que je n'ai quitté qu'en 1828, parce que le fils de M. Beret, procureur général à l'île de la Réunion, est encore de mes amis; les noms de MM. Ledentu et Hannapier, chez qui j'ai été employé de 1828 à 1831, parce que l'un de ces honorables négociants, M. Hannapier, est encore le chef de l'une des plus recommandables maisons de Bordeaux depuis la mort de M. Ledentu.

C'est pour ne pas laisser de lacune dans l'emploi de mon existence que j'ai dit mes travaux, de 1832 à 1834, dans les divers bureaux dépendant de la direction des contributions directes de Bordeaux.

C'est pour éviter toute interprétation sur la nature des affaires que j'ai faites à Bordeaux, de 1835 à 1841, que j'ai exposé le système des réclamations que j'avais imaginé à Bordeaux, et que j'ai continué jusqu'à mon départ pour Paris, parce que les traces de cet épisode de ma vie ne sont pas encore oubliées dans ma ville natale, et au sein même de l'administration des contributions directes, où j'ai conservé des amis.

Quoique n'ayant eu aucun succès dans mes tentatives faites à Paris, de 1842 à 1844, pour renouveler le système de réclamations cadastrales qui m'avait réussi à Bordeaux, j'ai voulu néanmoins rappeler l'emploi de ces années, parce que, dans le personnel de cette administration, on trouverait le souvenir de mes efforts infructueux.

Enfin, quant aux années de 1845 à 1848, la Bourse est encore pleine de gens qui se rappellent ce début dans ma carrière financière, que je ne prévoyais pas alors devoir être en même temps si retentissante et si pénible.

En ne laissant aucune époque de ma vie dans l'ombre, j'ai voulu à la fois répondre à mes ennemis, et fournir à mes amis, aux gens impartiaux, et à ceux qui ont confiance dans mon honnêté, des explications sur mon passé et mes débuts dans les affaires.

MES AFFAIRES

—

Au moment de parler des affaires et des entreprises que j'ai faites de 1848 à 1860, je suis conduit naturellement, pour que l'exposé de ma carrière financière soit complet, à rappeler quelle a été ma participation dans les principaux événements financiers qui se sont produits pendant cette période. Je puis dire avec orgueil que j'y ai grandement contribué, si je ne les ai pas déterminés par mon initiative ; et que j'ai été du moins l'instigateur de la pensée pratique qui les a amenés.

Heureusement pour la France, on ne détruira pas les trois grands faits financiers qui ont marqué ces dernières années et qui, dans le présent et dans l'avenir, contribueront à sa grandeur.

Ces trois faits sont :

La création du Crédit mobilier ;

L'adoption du système de la souscription publique pour les emprunts ;

La reconstitution du capital de la Banque de France.

Le Crédit mobilier a été attaqué ; on affecte très-ordinairement de ne voir dans cette société qu'un instrument de spéculation ; on reconnaîtra plus tard qu'elle est surtout un grand instrument de travail. Lorsque dans quelques années les chemins russes, allemands, italiens, suisses, espagnols, etc. seront achevés, lorsque les passions vulgaires seront éteintes, il ne restera debout que ces œuvres, qui, heureusement pour les hommes qui les auront conçues et qui ont le bonheur de les terminer, ne sont point périssables. La reconnaissance des populations, pour ceux qui les auront dotées de ces magnifiques voies de communication est d'autant plus certaine, que le développement des richesses au profit de toutes les nations et le rapprochement des peuples entre eux, forceront la postérité à être juste et reconnaissante.

Dira-t-on que le concours du Crédit mobilier n'a pas déterminé la construction des chemins de fer ? C'est évident ; mais ce qui ne l'est pas moins, c'est que le Crédit mobilier a avancé peut-être d'un demi-siècle une œuvre que l'association seule pouvait accomplir rapidement et sûrement.

Mais ce n'est pas seulement sous ce rapport que le Crédit mobilier aura été utile, c'est aussi pour les services rendus à la politique de l'Empereur, et je suis à cet égard complétement de l'avis que j'ai entendu exprimer à M. de Persigny. Je me souviens que dans une occasion où j'eus l'honneur de le voir, notre conversation s'étant étendue aux questions financières, je fus tellement frappé du langage que tint M. de Persigny sur le Crédit mobilier, qu'il est resté dans ma mémoire comme si je l'entendais encore :

« Le Crédit mobilier, disait M. de Persigny, j'en ai
» vivement recommandé la création ; je voulais un
» instrument qui affranchît le pouvoir nouveau de la
» tutelle où les financiers tiennent habituellement les
» gouvernements. Tutelle d'autant plus dangereuse
» pour nous, que je pressentais l'hostilité des grandes
» influences financières envers le pouvoir nouveau. Et
» certainement sans le concours du Crédit mobilier,
» qui les a entraînées et forcées à marcher en avant,
» la politique de l'Empereur, obligée de compter avec
» la haute banque, n'aurait pas été aussi hardie et
» aussi libre dans son essor. Le Crédit mobilier n'eût-
» il servi qu'à créer l'émulation et empêcher l'absten-
» tion financière à laquelle l'Empereur était exposé,
» cela seul justifierait sa création. Mais il a fait plus :

» il a développé les grands travaux d'utilité publique,
» et largement contribué à la prospérité dont l'Europe
» recueille les fruits. »

Je cite ces paroles avec d'autant plus de plaisir
qu'elles étaient tout à fait en harmonie avec mes idées;
car si j'ai parfois différé d'opinion avec le Crédit mobilier sur plusieurs points, je n'ai jamais méconnu ses
services. D'ailleurs, l'approbation donnée par M. de
Persigny à la création même du Crédit avait de quoi
me plaire particulièrement, car j'ai le droit de reven-
diquer l'idée-mère de cette société par l'essai pratique quoique incomplet que j'en ai fait de 1850 à 1853
sous le titre de *Caisse des actions réunies*.

En effet, j'avais appris directement de M. Benoît
Fould et je savais aussi par ses confidences à M. E. de
Girardin, que la Caisse des actions réunies avait été,
dans sa pensée, le point de départ du Crédit mobilier.
Voici à peu près en quels termes M. B. Fould a raconté
cette circonstance à M. E. de Girardin.

« J'étais à Bade, dit M. B. Fould, en 1851; je par-
» courais les journaux, et, dans mon oisiveté, je lisais
» jusqu'aux annonces. L'une d'elles me frappa, c'était
» celle de M. Mirès relative à la société financière de
» la *Caisse des actions réunies* au capital de *cinq mil-*
» *lions*. Les bénéfices réalisés étaient considérables et
» je me disais que si M. Mirès, isolé, avait pu former
» une société semblable ; une société composée

» d'hommes considérables pourrait constituer une
» puissante organisation financière destinée à déve-
» lopper en même temps les grandes opérations finan-
» cières et les entreprises industrielles. A mon retour,
» je cherchais à quels hommes je pouvais faire part de
» ce projet et je ne trouvai personne de plus convenable
» nable sous tous les rapports que MM. E. et I. Pereire ;
» ces messieurs, qui, indépendamment de qualités très-
» grandes sous le rapport de la moralité et de l'intelli-
» gence, avaient publié quelques écrits sur la forma-
» tion des sociétés analogues, avaient donc l'esprit
» préparé pour cet objet.

» Voilà, aurait aujouté M. B. Fould, comment est né
» le Crédit mobilier, et si j'ai attribué dans la répartition
» du capital 500 actions à M. Mirès comme aux admi-
» nistrateurs, c'est que je le considère comme l'au-
» teur du Crédit mobilier par l'idée que m'en ont don-
» née ses publications et la création de la *Caisse des*
» *actions réunies.* »

Quant aux emprunts publics, mon action n'a pas
été moins directe.

J'expose les faits :

Nous étions en 1854. Le gouvernement voulait faire
un emprunt de 250 millions. Des négociations étaient
engagées entre M. Bineau, ministre des finances,

M. de Rothschild et le Crédit mobilier. Quelques hommes influents, notamment M. Dassier, s'occupaient de réunir en un seul groupe les diverses influences financières.

Le Crédit mobilier avait accepté les ouvertures qui lui avaient été faites à cet égard, mais elles avaient été repoussées par M. de Rothschild, qui, disait-il, trouvait immorales ces sortes d'associations financières.

Tel était l'état des choses, lorsque MM. Pereire réunirent les banquiers groupés autour du Crédit mobilier. M. de Rothschild en avait fait autant de son côté, et chaque groupe était entré en négociation avec le ministre des finances.

J'étais resté en dehors, car on ne m'avait offert aucune participation dans cet emprunt ; par conséquent j'avais toute liberté.

J'expliquai un jour à l'un de mes amis, M. Ad. Thibaudeau, le danger, pour le gouvernement, de la division qui régnait dans le monde financier au sujet de cet emprunt ; je lui disais : « Ni M. de Rothschild et ses as-
» sociés, ni M. Pereire et le Crédit mobilier n'ont en
» caisse les 250 millions que le gouvernement veut
» emprunter ; les uns et les autres comptent sur le
» public pour les fournir ; ils ne font que l'office d'in-
» termédiaires. Mais comme ils s'engagent personnel-
» lement, ils doivent, en traitant avec le gouvernement,
» obtenir des conditions d'autant plus favorables que

» celui qui aura l'emprunt sait très-bien qu'il rencon-
» trera sur le marché une hostilité implacable de la
» part des concurrents évincés; de sorte que chacune
» des parties ne peut compter que sur une portion du
» public. Or, comme il peut résulter de cette situation
» un échec pour les contractants de l'emprunt, ils n'en
» seront que plus exigeants sur les conditions. Mais
» tous ces inconvénients disparaîtraient si l'emprunt
» était fait directement par le gouvernement au moyen
» d'une souscription publique; dans ce système, le
» gouvernement aura tout le public, et, de plus, le
» concours de toutes les influences financières sans
» exception; car aucune d'elles de voudra laisser s'ac-
» complir une grosse opération financière sans y par-
» ticiper.

» Au point de vue politique, le résultat serait encore
» plus important, car le succès de l'emprunt c'est le
» succès de la politique impériale. Or, le succès finan-
» cier on l'obtient toujours, puisqu'il suffit pour cela
» de faire au public de belles conditions qui lui don-
» nent la perspective d'un bénéfice. »

Vivement frappé de ce langage et d'autres observations, M. Thibaudeau demanda une audience à l'Empereur. Cette audience fut accordée pour le dimanche
suivant, et, dans une courte entrevue, il exposa som-
mairement le sujet en question. Sa Majesté lui demanda
une note explicative.

Cette note fut remise à l'Empereur quelques jours après ; elle était en même temps politique et financière. Sa Majesté, en la recevant, engagea M. Thibaudeau à voir le ministre des finances, auquel Sa Majesté se réservait de communiquer la note.

Comme les questions financières n'étaient pas très-familières à M. Thibaudeau, il voulut que je l'accompagnasse chez le ministre. Dès que M. Bineau nous vit entrer dans son cabinet, il s'écria : « Ah ! c'est vous » qui avez mis dans la tête de l'Empereur la souscrip- » tion publique, et cela au moment même où un traité » avec M. de Rothschild est pour ainsi dire fait. » M. Thibaudeau et moi nous fîmes naturellement tous nos efforts pour convaincre M. Bineau que le système proposé était financièrement et politiquement plus favorable qu'un traité avec l'une des influences financières ; et, en définitive, comme M. Bineau avait déjà pressenti les dispositions de l'Empereur à recourir à une souscription nationale, il se rangea définitivement à notre avis, et, en nous congédiant, il se montra beaucoup plus bienveillant que ne l'avait été son accueil.

———

La troisième mesure financière à laquelle j'ai participé par mon initiative, c'est l'accroissement du capital de la Banque de France : je dois avouer, toutefois, que je me serais moins empressé de le provoquer si j'avais supposé que l'idée première fut appliquée comme elle l'a été.

La réforme de la Banque de France devait être, à mon avis, la conséquence de la transformation financière qui venait de s'accomplir en France. Pour la première fois, depuis la chute de l'ancien régime, les richesses mobilières, fruits du travail et de la confiance, venaient pour ainsi dire de faire irruption dans la nation française. Cette irruption avait surtout été provoquée par la transformation, en 1848, des livrets de la Caisse d'épargne en coupons de rente. Cette transformation avait eu pour premier résultat de constituer les déposants en bénéfice sur le montant de leurs dépôts, et d'attirer ainsi vers les fonds publics une immense clientèle en faisant descendre le crédit de l'État dans les parties les plus infimes de la société.

En même temps, l'industrie des chemins de fer commençait à révéler sa puissance, et les masses, disposées à employer leurs capitaux en rentes, furent amenées naturellement à acheter des actions et obligations. dont la plupart jouissaient du double avantage de la garantie de l'État et de la propriété des chemins de fer.

Tel était l'état de choses, lorsque la Banque de France, en 1852, offrit aux porteurs d'actions et d'obligations des chemins de fer la faculté d'emprunter sur ces sortes de titres, dans la proportion des 2/3 ou et 3/4 de la valeur, d'après le cours de la Bourse.

Cette modification, introduite dans les statuts de la Banque de France, donnait un nouvel élément d'affaires à cet établissement, mais en même temps étendait sa responsabilité et la soumettait à des éventualités qui n'avaient pas été prévues, lorsque le capital de la Banque de France avait été fixé à 90 millions dans les premières années du siècle, lorsque ses opérations étaient limitées au commerce parisien [1].

D'autre part, la dette publique qui n'était, en 1805, que de 50 millions de rente, avait été augmentée successivement, par l'occupation de 1815, par l'indemnité du milliard des émigrés, par les dépenses extraordinaires de l'armée, des fortifications de Paris et des travaux publics sous le gouvernement de Juillet, enfin, par la révolution de février et la guerre de Crimée, avait été portée à 400 millions. Il en est résulté pour la Banque de France une plus large clientèle, mais aussi une plus grande responsabilité, puisque par ses statuts elle est tenue de faire des avances sur fonds publics français.

En même temps, le commerce maritime s'était développé ; notre commerce avait pris un immense essor,

---

[1] Le capital de la Banque, du chiffre de 90 millions en 1805, avait été réduit à 67 millions, par suite de rachats d'actions opérés par la Banque elle-même. Mais, en 1848, par la réunion des banques départementales, le capital fut porté à fr. 91,200,000,

et nos exportations s'étaient plus que doublées dans une période de trente années. Les importations avaient suivi la même progression, et l'ensemble de nos affaires commerciales avec l'extérieur s'était élevé au chiffre énorme de cinq milliards.

Cet ensemble de faits constituait à mes yeux une véritable contradiction. Comment le capital de la Banque de France de 91 millions, chiffre si parfaitement semblable à celui de 1805, pouvait-il suffire aux exigences d'une situation qui avait plus que décuplé? Aussi avais-je, dans plusieurs circonstances, signalé cette disproportion entre le capital de garantie de la Banque et la vaste étendue des intérêts auxquels elle devait répondre. Mais les gouverneurs de la Banque avaient toujours résisté à l'accroissement du capital, par un motif plus spécieux que fondé. MM. d'Argout, Vernes et Gauthier étaient unanimes pour regretter que le capital de la Banque ne fût pas plus considérable ; mais, dans leur pensée, l'immense crédit dont cet établissement jouissait et une grande prudence dans sa gestion, remédiaient complétement à l'insuffisance relative du capital. La véritable cause de la résistance des gouverneurs, cause qu'ils n'avouaient pas, c'était la diminution considérable du dividende, si les mêmes bénéfices devaient se répartir sur un nombre double d'actions. Car les gouverneurs n'admettaient pas que cette augmentation du capital dût donner naissance à un accroissement d'affaires ; ils ne songeaient pas qu'on pût en faire davantage, puisqu'ils n'en refusaient aucune, bien entendu dans la limite des statuts.

C'était précisément sur ce point que portait notre dissentiment, car je demandais l'accroissement du capital pour le faire servir à élever le niveau du crédit de l'État et l'arracher à sa grande infériorité relative au crédit de l'Angleterre. A mon avis, l'augmentation du capital de la Banque de France se liait à une question de prépondérance politique, tandis que pour les gouverneurs de la Banque, la question était réduite à une garantie plus grande qu'offrirait la Banque pour ses opérations, garantie que les gouverneurs ne jugeaient pas nécessaires, et qui ne l'était pas en effet, si la Banque devait rester enfermée dans l'étroite limite de ses anciennes opérations.

Pour vaincre la résistance de la Banque, et faire adopter mes idées, voici à quel parti je m'arrêtai, et l'on reconnaîtra par l'exposé que je vais en faire que, malgré leur valeur sérieuse, mes propositions n'étaient qu'une machine de guerre pour obtenir le double résultat que je poursuivais : l'élévation du crédit public par le doublement du capital de la Banque de France.

Nous étions en 1856, et le privilége de la Banque de France expirait en 1866 ; le moment approchait où un nouvel arrangement allait intervenir entre l'État et la

Banque. J'offris d'acheter le privilége de la Banque de France pour cinquante années, moyennant cent millions que j'offrais de déposer à la Caisse des dépôts et consignations en rentes sur l'État. Les arrérages de ces rentes aùraient été payés aux dépositaires jusqu'en 1866, époque où expirait le privilége de la Banque. A cette époque, le gouvernement, en livrant le privilége, aurait eu en échange ladite somme de cent millions.

Je m'engageais, en outre, à affecter une somme de 200 millions à l'exploitation du privilége pendant cinquante ans. Indépendamment de cette obligation, j'en prenais d'autres toutes favorables au commerce, à l'industrie et au crédit public.

Cette proposition faite au gouvernement produisit l'effet d'un coup de tonnerre sur les gouverneurs de la Banque de France. Dans le monde financier, elle excita un premier sentiment d'ironie ou d'incrédulité qui fit croire que je touchais à la folie. Cependant, après quelques jours de réflexions, ma proposition fut mieux comprise, et, sans qu'on pensât davantage que cette offre pût être écoutée, on reconnut cependant qu'elle constituait un danger pour la Compagnie en possession du privilége, puisqu'à l'époque prochaine de son renouvellement il pouvait naître des exigences plus grandes, exigences que le temps aurait plutôt augmentées qu'affaiblies.

C'est sous l'impression de ces prévisions que des négociations s'engagèrent entre l'État et les gouverneurs de la Banque de France, pour la prolongation du privilége et pour l'accroissement du capital. Voici à quels résultats aboutirent ces négociations.

Le capital, comme je l'avais indiqué, fut porté à 200 milllions effectifs. Seulement, l'augmentation d'environ 100 millions que subissait le capital de la Banque, au lieu d'être affectée, comme je le proposais, à élever le niveau du crédit public et à faciliter la négociation des obligations des grandes villes, fut purement et simplement affecté au trésor en échange d'une somme équivalente de rente 3 p. 100 au cours de 75 fr. Par suite ce nouveau capital est devenu simplement un capital de garantie immobilisé au lieu d'être un capital de garantie flottant, pouvant être affecté sous mille formes à élever le niveau du crédit de l'État, niveau si affaibli, que l'emprunt de 1859, pour avoir du succès, a dû se faire à 60 fr. 50 c., soit à 58 fr., déduction faite de la bonification d'intérêts. A combien se feront les emprunts futurs en temps de guerre ?

La première et la plus importante de ces obligations, au double point de vue du commerce et du numéraire, consistait à ne distribuer aux actionnaires de la Banque de France que le dividende produit par les escomptes effectués à 4 p. 100 et au-dessous, de sorte que lorsque, pour protéger son encaisse métallique par suite d'une mauvaise récolte ou de toute autre cause, la Banque est obligée d'élever le taux de l'escompte, un malheur public aurait cessé d'être une sorte de bonne fortune pour les actionnaires de la Banque ; leur intérêt se trouvait ainsi replacé en harmonie avec l'intérêt général.

La seconde amélioration que je voulais apporter dans l'organisation de la Banque , au point de vue du crédit public, c'était la faculté de prêter sur rentes, par l'intermédiaire des *agents de change*, jusqu'à concurrence de la valeur totale des titres. Évidemment, des avances dans cette proportion ne pouvaient avoir lieu que sur rentes et avec la responsabilité personnelle des agents de change, parce que leurs obligations compensaient la différence entre la valeur de la rente et le chiffre auquel les avances semblables sont faites au public.

La somme affectée à ces sortes d'opérations était limitée à cent millions, chiffre correspondant à peu près à l'augmentation du capital de la Banque de France.

Enfin, et indépendamment de toutes les opérations actuelles de la Banque, j'ouvrais la porte de la Banque de France à l'industrie et aux obligations des grandes villes.

Quant à la réalisation des cent millions affectés à

l'achat du privilége, c'était chose facile, et voici comment je les obtenais.

Le capital de la Banque de France était alors représenté par 91,200 actions de 1,000 fr., qui valaient dans ce moment plus de 4,000 fr. chacune. Si le privilége eût été concédé à une autre compagnie, la liquidation de l'actif de la Banque n'aurait pas donné plus de 1,500 fr. par action, ce qui aurait constitué une perte de 2,500 fr. sur le cours auquel elles étaient parvenues. Dans ma combinaison, j'attribuais aux actionnaires actuels un droit de préférence moyennant le dépôt par chaque action d'une somme de 45 fr. en rente 3 p. 100 à la caisse des dépôts et consignations. Comme les arrérages de cette rente leur étaient acquis jusqu'en 1866, ils conservaient ainsi leur capital intégral.

Évidemment tous les actionnaires de la Banque auraient adhéré à cette proposition, et, du reste, ceux qui n'y auraient pas consenti, auraient facilement trouvé des acquéreurs de leurs droits; de sorte que, pour compléter les cent millions offerts à l'État en échange du privilége de la Banque de France, il m'eût suffi de déposer environ 400,000 fr. de rente 3 p. 100.

Quant aux bénéfices, résultant des escomptes opérés à un taux supérieur à 4 p. 100, ils devaient former un fond de réserve précieux, destiné surtout à solder les sacrifices si fréquents que doit faire la Banque de France

pour suffire en tous temps aux demandes de numérai-
res, sacrifices qui n'auraient plus affecté le revenu
courant et ordinaire des actions, ce qui, en même
temps, assurait la prépondérance de la France sur les
marchés producteurs de métaux, puisque la Banque de
France, grâce à cette réserve, aurait été l'établissement le plus riche pour les acheter.

Je dois ajouter qu'une de mes idées a reçu une
application partielle. Aux termes de la loi de 1857,
les bénéfices produits par les escomptes opérés
au-dessus du taux de 6 p. 100, ne sont plus distribués et sont mis en réserve à titre d'addition de
capital ; ces bénéfices ont atteint en trois années
environ 2,200,000 fr.

J'ai rappelé les diverses circonstances où mon initiative a pu contribuer au bien qui s'est fait, parce
que ces circonstances viennent s'ajouter aux services
que j'ai rendus à l'industrie, depuis qu'au mois de septembre 1848, j'ai pris la direction du *Journal des
Chemins de fer* qui avait cessé de paraître quelques
semaines après la révolution de février.

1848

Journal des Chemins de Fer.

La disparition du *Journal des chemins de fer* à la suite de la révolution de février n'avait pas peu contribué à jeter le trouble dans l'esprit des porteurs d'actions. L'absence complète des renseignements sur une industrie qui intéressait une masse de porteurs de titres sur lesquels les versements opérés étaient peu considérables, présentait les plus graves inconvénients pour les compagnies qui avaient à faire des appels de fonds. On pouvait craindre en effet que les actionnaires, découragés par la baisse, ne renonçassent à continuer leurs versements pour des entreprises qui paraissaient abandonnées, puisque personne ne s'occupait de rassurer les intérêts engagés. Telle était la situation lorsque je fis revivre la publication du *Jour-nal des chemins de fer*.

Mon premier soin fut de rassurer les esprits, de ramener la confiance dans la valeur des actions des chemins de fer, confiance si profondément ébranlée ; d'empêcher ainsi les porteurs de titres de les vendre à vil prix.

C'était mon début dans la carrière du journalisme financier. Dans les premiers temps, j'éprouvais quelque embarras à rendre ma pensée d'une manière assez correcte pour supporter l'impression ; j'écrivais les articles tels que je les concevais, puis je les remettais à un rédacteur qui en révisait le style.

Grâce à un travail journalier et persévérant pendant plusieurs années, je suis enfin parvenu à rendre ma pensée avec une facilité que je n'espérais pas atteindre lorsqu'en 1848, je devins le rédacteur et en même temps le directeur du *Journal des chemins de fer*.

Je vais maintenant indiquer successivement les affaires que j'ai faites : je les indiquerai toutes sans exception, de façon à permettre à chacun de juger si pendant ces années où la faveur du public entourait les entreprises que je créais, j'en ai abusé un seul instant, pour me livrer à des opérations qui ne fussent ni sérieuses, ni loyales. On verra si, dans ces affaires si considérables, dans ces marchés de travaux entrepris sur tant de points à la fois, j'ai oublié un seul jour, les intérêts qui m'étaient confiés, ou si j'ai jamais eu un intérêt personnel qui ne fût pas toujours conforme aux intérêts que je représentais.

Mais, dira-t-on peut-être, où donc avez-vous gagné votre immense fortune ?

Hélas ! cette fortune n'existe que dans l'imagination du public. Je puis le dire aujourd'hui sans inconvénient pour la signature J. Mirès et Cᵉ, cette fortune est à bien peu de chose près, celle que je possédais en 1853, lorsque je me séparai de M. Millaud, et après la vente du *Journal des chemins de fer* et de la maison de banque, à MM. Solar et Blaise. A cette époque toutes mes affaires étaient liquidées, il ne restait que la gérance du *Constitutionnel* dans laquelle j'avais des intérêts engagés, et la liquidation faite alors avec M. Millaud nous laissait *quatre millions à chacun*.

A cet égard le procès qu'on instruit et la nomination de M. de Germiny en qualité d'administrateur de ma fortune personnelle éclaircira tous les points de cette triste et douloureuse affaire. En attendant les débats que j'appelle de tous mes vœux, je vais exposer pour ainsi dire mon existence financière en relatant de 1849 à 1860 toutes mes affaires, année par année.

1849

Le Conseiller du Peuple, journal mensuel rédigé par M. de Lamartine.

M. de Lamartine, tombé du pouvoir aux journées de juin, avait perdu sa popularité politique ; mais sa popularité littéraire semblait plus grande que jamais. Je lui proposai de publier un journal mensuel, dans lequel il pourrait faire entendre sa voix à ce peuple, qui, trop vite oublieux des services rendus, ne lui donna même pas un siége à l'assemblée législative. Je fondai le *Conseiller du Peuple*, dont cet homme illustre fut l'unique rédacteur ; le nombre des abonnés au journal mensuel atteignit un chiffre énorme.

1850

Caisse des Actions réunies.

Pendant le cours de l'année 1850, je créai *la Caisse des actions réunies ;* c'était une espèce de Société financière dont le capital était employé à acheter des actions dans les moments favorables, pour ensuite les revendre avec un bénéfice qui était réparti entre les souscripteurs.

Cette Société a eu trois années d'existence; elle a été liquidée en 1853. Les bénéfices distribués ont été pour ces trois années de 91 0/0 et le capital des actions a été intégralement remboursé.

Emprunt de six millions du département de la Seine.

Le département de la Seine voulait faire un emprunt de 6 millions. J'ouvris une souscription publique et je soumissionnai l'emprunt. Mais le chiffre de ma soumission ayant été au-dessous du minimum fixé par M. le préfet de la Seine, je ne fus pas adjudicataire et je renonçai à l'opération. Les versements déjà faits furent remboursés aux souscripteurs sans aucune retenue, et les frais de cette tentative restèrent à ma charge.

1851

Acquisition du journal le Pays,

On sait quelle était à cette époque l'ardeur des discussions politiques ; on se préparait ouvertement à la
lutte pour le mois de mai 1852. Un groupe de banquiers s'était formé pour venir en aide au journal *le
Pays* et le conserver à la défense du Prince-Président.
On m'informa de ces dispositions pour m'engager à
me rendre acquéreur de ce journal dont les propriétaires ne pouvaient continuer l'exploitation qui était
fort onéreuse. Avec l'espérance d'obtenir le concours
du groupe financier dont je viens de parler, je fis l'acquisition du *Pays*. Le prix était élevé et les charges
lourdes; cependant avec de l'activité et le concours
effectif que j'avais quelque raison d'espérer, on pou-

vait encore attendre un résultat raisonnable, ou du moins sauver le capital que j'avais engagé. Malheureusement des raisons politiques firent dissoudre l'espèce d'association financière qui s'était formée pour venir en aide aux anciens propriétaires du journal *le Pays* et je restai acquéreur définitif et sans concours, d'un journal qui ne faisait pas ses frais.

Il fallait cependant continuer la publication; l'ancienne propriété et l'ancienne rédaction s'étaient retirées, je confiai alors la direction politique à M. de Lamartine, et la rédaction en chef fut donnée à M. le vicomte de la Guéronnière, aujourd'hui conseiller d'État.

1852

Acquisition du journal le Constitutionnel.

L'exploitation du journal *le Pays* se soldait chaque mois par une perte qui variait de 20 à 25,000 fr. La rédaction était coûteuse et le revenu de la feuille d'annonce était médiocre ; je voyais chaque jour s'aggrandir le gouffre où s'accumulaient des sommes qui, en deux ans de temps, avec le prix d'acquisition, avait dévoré 800,000 fr., et je ne voyais la fin des sacrifices que dans la disparition du journal.

Ce fut alors que des négociations s'engagèrent en dehors de moi pour la cession du journal *le Pays* à M. Véron, directeur du *Constitutionnel*. Ces négociations ne furent pas menées assez secrètement pour qu'il n'en transpirât pas quelque chose ; je trouvais étrange qu'on fît aussi bon marché des droits de la propriété. Aujourd'hui j'en serais moins surpris après les singulières épreuves que j'ai traversées ; quoi qu'il en soit, je répondis à ces négociations en achetant *le Constitutionnel* au prix de 1,900,000 fr.

Déjà mes dépenses s'élevaient pour *le Pays* à 800,000 fr., ce qui portait le prix des deux journaux à 2,700,000 fr., j'ajoutai un fonds de roulement de 300,000 fr. et je formai une société composée des deux journaux au capital de fr. 3,000,000. Depuis bientôt neuf ans que cette société fonctionne elle a donné en moyenne plus de 10 0/0 de revenu.

Emprunt de cinquante millions de la ville de Paris.

La ville de Paris fit pendant le cours de l'année 1852, un emprunt de 50 millions. Toutes les grandes influences financières se mirent sur les rangs. L'adjudication eut lieu en faveur de MM. Bechet, Dethomas et Cᵉ avec lesquels j'avais fusionné.

1853

Crédit foncier de Marseille et de Nevers.— Emprunt de quarante-huit millions.

Dans le mois de juillet 1853, je fis avec les deux sociétés de Crédit foncier de Marseille et de Nevers, un traité par lequel je m'engageais à fournir à chacune de ces sociétés 24 millions, soit ensemble 48 millions payables en quatre années.

L'intérêt de cet emprunt était de 4 1/2 0/0 par an, indépendamment de l'amortissement échelonné sur une période de cinquante années.

En reportant mes souvenirs vers cette époque, je suis frappé de la ressemblance qui existe entre les procédés dont je fus l'objet à l'occasion de cet emprunt, et ceux qui m'ont frappé à l'occasion de l'emprunt ottoman.

Voici du reste l'exposé des faits tels qu'ils se sont passés en 1853.

Un décret de février 1852 avait autorisé la création des sociétés de Crédit foncier.

Aux termes de ce décret, il devait y avoir une société foncière par chaque Cour d'appel. En 1853, des sociétés locales s'étaient déjà formées à Paris, à Bordeaux, à Lyon, à Marseille, à Nevers, etc. Mais, au moment de fonctionner, les sociétés locales avaient éprouvé un empêchement radical, par suite de la difficulté que rencontrait la négociation des obligations provenant des prêts hypothécaires qu'elles avaient faits.

Ces diverses sociétés ne pouvaient trouver des capitaux que sur l'unique marché qui les concentre, c'est-à-dire à la Bourse de Paris, il en résultait, entre les sociétés diverses, une concurrence qui, en produisant la confusion, empêchait nécessairement toutes négociations, et menaçait toutes les sociétés de Crédit foncier d'une mort certaine, pour ainsi dire, avant même qu'elles eussent fonctionné.

Évidemment la formation d'une société par Cour d'appel, comme l'avait prescrit le décret organique du Crédit foncier, était le projet le plus sage, mais à la condition de faciliter à ces sociétés la négociation des titres représentatifs de leurs prêts hypothécaires.

Cette précaution n'ayant pas été prises, et les sociétés de Crédit foncier venant toutes simultanément présenter leurs titres sur le marché, leur échec était certain et leur existence précaire ; aussi avaient-elles toutes, sauf la société de Paris, une tendance vers une liquidation, avant même d'avoir pu fonctionner régulièrement.

Pour obvier à cet inconvénient et conserver le principe si sage du décret organique qui prescrivait une société par Cour d'appel, j'avais proposé de former une société purement financière, qui aurait concentré les obligations des diverses sociétés, et qui, ajoutant sa garantie à la garantie de la société locale, ainsi qu'au gage hypothécaire, aurait été chargée de créer l'unité des titres en faisant seule l'émission des obligations de toutes les sociétés de Crédit foncier. Ce système avait été exposé dans le *Constitutionnel*.

Le gouvernement, au lieu d'adhérer à ce système et remédier ainsi à la confusion qu'aurait produit sur le marché la négociation des titres divers émanant des vingt-sept sociétés locales, en admettant qu'elles fussent parvenues à en trouver le placement, le gouvernement, dis-je, détruisit le principe même du décret organique, si sagement combiné au point de vue de la surveillance des opérations hypothécaires. Il autorisa la fusion avec la société de Paris de toutes les sociétés qui s'étaient formées dans les départements. Par suite, la Société foncière de Paris prit le titre de Société de Crédit foncier de France, et l'unité fut ainsi créée.

Il n'était resté en dehors de cette fusion que deux sociétés : celle de Marseille, relevant de la Cour d'appel d'Aix, et celle de Nevers, relevant de la Cour d'appel de Bourges ; la pensée qui avait laissé subsister ces deux sociétés, c'était l'expérimentation du système des sociétés locales.

Cependant, les sociétés départementales, même réduites à deux, n'avaient pu se procurer des fonds par la négociation de leurs obligations représentatives de prêts effectués, et après avoir employé une partie de leur capital social, elles étaient menacées toutes deux d'une mort inévitable.

Telle était leur situation lorsque, pendant un séjour que je fis à Marseille en 1853, je conclus un traité, par lequel je m'engageais à fournir 24 millions à la Société de Crédit foncier de Marseille.

La Société de Nevers, prévenue que je lui offrais un traité semblable, se hâta de l'accepter, et, chose curieuse, les conditions en étaient estimées si avantageuses pour les deux Sociétés, que ces traités furent considérés comme des actes de folie de ma part, par M. Benoist d'Azy, président du conseil d'administration de la Société de Nevers. M. Benoist d'Azy exprima même des doutes sur la réalisation d'un emprunt de de 48 millions à 4 1/2 p. 100 d'intérêt.

Voici les motifs qui m'avaient déterminé à entreprendre cette opération financière :

Le décret organique du Crédit foncier avait concédé à ces sortes de sociétés le privilége de la loterie. En outre, elles avaient la faculté de créer des obligations de 100 fr., et de leur attribuer le bénéfice des lots, indépendamment d'un intérêt régulier. C'était pour jouir de ces avantages que j'avais consenti à prêter les 48 millions à 4 1/2 p. 100 d'intérêt par an.

J'avais été frappé des inconvénients attachés au système des lots, adopté par le Crédit foncier de France, qui réserve le bénéfice des lots aux générations futures au détriment de la génération actuelle, et je voulais inaugurer un système qui assurait à la génération actuelle les mêmes avantages qu'aux générations futures, sans affaiblir cependant l'importance ou l'attrait des lots, mais au contraire en augmentant cet attrait.

Voici, en conséquence, à quel système je m'arrêtai :

Le capital de 48 millions était divisé en 480,000 obligations de 100 fr. chacune, et il fut attribué à chaque obligation :

1° Un intérêt de 1 centime par jour, soit, pour l'année . . . . 3 fr. 65 c.

2° Une annuité, pour former les lots, de.   »   75

Ensemble. . .   4 fr. 40 c.

De sorte que, chaque année, les lots eussent été ré-

duits d'un chiffre correspondant aux obligations amor-
ties; mais en même temps, grâce au système adopté,
les sociétés avaient la faculté d'augmenter les lots des
annuités correspondant aux obligations nouvelles résultant de prêts hypothécaires.

Telle était la combinaison nouvelle que j'avais créée,
et qui devait nécessairement procurer à la propriété
des capitaux à 3 p. 100, lorsque le système serait répandu, et que le classement des titres aurait facilité l'élévation des prix.

Comme le traité était ferme et à forfait, la différence
entre l'intérêt de 4 1/2 p. 100 qui m'était alloué, et
l'attribution de 4 fr. 40 c. p. 100 aux obligations, cette
différence, dis-je, n'était que de 10 c., soit 48,000 fr.
de rente pendant cinquante années. Or, cette différence
ne représentait même pas un bénéfice, car sa capita-
lisation était destinée à payer une partie des lots pendant les quatre premières années, et jusqu'à la libération entière des obligations, qui ne s'opérait que par
quart et par an. Je n'avais, par conséquent, aucun bénéfice entre le taux d'intérêt qui m'était alloué et l'attribution que j'avais faite aux obligations ; il me fallait
donc trouver dans la négociation des titres le bénéfice
qui devait compenser les frais de publicité, de banque,
de confection de titres, etc., etc. En conséquence, j'é-
mis les 480,000 obligations au prix de 110 fr., ce qui
représentait un bénéfice brut apparent de 4,800,000 fr.

Le succès de la souscription publique que j'ouvris fut rapide, immense; en quelques jours une très-forte partie du capital fut souscrite, et l'emprunt eût été réalisé complétement en peu de temps.

Ce succès, qui était une bonne fortune pour le Crédit foncier, puisque, avec ma combinaison, on trouvait de l'argent à 4 p. 100, fut considéré sous un autre point de vue par la puissante société de Paris, qui, à cette époque, ne pouvait placer ses obligations à 5 p. 100.

Malheureusement pour moi, il y avait dans la Société de Crédit foncier de Paris des influences financières puissantes dont la fortune était engagée dans les titres de cette société. Ces influences ayant considéré mon succès comme nuisible à leurs intérêts, s'agitèrent pour empêcher la réalisation de mon opération fi-nancière.

Que ces influences aient atteint leur but, l'événement l'a prouvé. Si je m'abstiens d'exposer ici des faits qui se rattachent à ce douloureux épisode de ma vie industrielle et financière, ce n'est pas l'impuissance de les prouver qui m'arrête; c'est ma réserve dont, je l'espère, l'opinion de mes juges me tiendra compte. Je n'ai pas cédé sans lutte, sans protester, sans braver même les dangers dont on me menaçait, invoquant la liberté des transactions, le respect des contrats, la légalité des conventions qui liaient à moi les sociétés de Marseille et de Nevers.

Vainement je fis remarquer à quel point une annulation arbitraire de ces contrats allait être fatale aux intérêts que je représentai, car par une exécution anticipée j'avais versé des sommes considérables dans les caisses des deux sociétés. Ces fonds employés en prêts hypothécaires ne pouvaient m'être remboursés immédiatement tandis que l'annulation de mon contrat allait me mettre dans la nécessité de rembourser sur-le-champ les sommes que j'avais reçues des souscripteurs, et qui n'étaient plus à ma disposition !

Tout fut inutile... Les contrats furent brisés.

Cet acte se traduisit pour moi par une perte effective de 500,000 fr., et par l'ébranlement profond de mon crédit.

1854

Crédit foncier de France.

Lorsque je revois, année par année, ma carrière financière ; lorsque je rappelle mes souvenirs, et qu'ils me représentent les nombreuses preuves de dévouement que j'ai données au gouvernement de l'Empereur ; je ne puis comprendre l'inimitié, les sentiments hostiles, que j'ai rencontrés en échange.

Je viens de raconter, pour l'année 1853, le curieux épisode des traités qui rendaient la vie à deux sociétés de Crédit foncier et assuraient leur prospérité.

J'avais cru aider au développement d'une institution d'origine impériale et mériter pour cela la bienveillance du pouvoir ; on sait ce que j'en ai recueilli !

En 1854, je fus tout aussi maltraité à l'occasion de la société du Crédit foncier de France qui fonctionne aujourd'hui avec M. Fremy pour gouverneur.

Le succès que j'avais obtenu dans l'émission des obligations des deux sociétés de Crédit foncier de Marseille et de Nevers, avait fait penser à la société de Paris que je réussirais egalement à opérer le placement des 150 millions d'obligations avec lots que cette société n'avait pu encore réaliser.

Je consentis à m'en charger; un traité fut rédigé en conséquence, d'accord avec le directeur de cet établissement, M. Wolowski, et le concours des principaux membres du Conseil d'administration.

Aux termes de ce traité, j'étais chargé d'opérer la négociation de ces 150 millions d'obligations, moyennant une commission. Mais je m'engageais a dépenser à mes frais, périls et risques, deux millions de francs de publicité de toute sorte pour vulgariser et répandre en France l'institution du Crédit foncier.

Dès que le Conseil d'administration eut donné son approbation, je commençai immédiatement la publicité pour préparer la négociation d'une première série de ces obligations. Mais précisément alors, M. Bineau, ministre des finances, modifia l'institution elle-même en substituant à un directeur choisi par le Conseil d'administration, un gouverneur nommé par l'État;

et le directeur, M. Wolowski, fut remplacé par M. de Germiny, nommé gouverneur.

Le premier acte de M. de Germiny fut de me faire connaître qu'agissant en vertu d'ordres supérieurs, le contrat que j'avais passé avec la société de Crédit foncier de France était annulé.

Je demandai des explications, elles me furent refusées; et je dus subir dans cette circonstance, comme en 1853, une volonté qui, du reste me fut, signifiée en termes convenables.

Cependant on répétait sur tous les tons, dans les journaux étrangers, que parce que je dépensais 300,000 francs par an pour payer la rédaction de mes journaux consacrés à défendre la politique du gouvernement, je jouissais de la faveur de l'État; quelle singulière illusion !

Mines et houillères de Portes.

L'année 1854 fut une année de grande prospérité industrielle ; elle présageait les plus belles perspectives pour l'industrie et le commerce, notamment pour notre production houillère et notre industrie métallurgique.

De 1854 à 1856, le prix des charbons à Marseille, par suite des besoins croissants de la navigation et de l'industrie, était, en moyenne, de 30 à 34 fr. la tonne, et encore, les houillères en exploitation ne produisaient-elles pas suffisamment pour la consommation courante.

C'est dans ces circonstances favorables que je fis l'acquisition des riches concessions houillères de Portes et Sénéchas, situées au centre du bassin du Gard, entre les mines de la Grand'-Combe et celles de Bessèges.

D'après les évaluations des ingénieurs de l'État, ces mines pouvaient produire 300,000 tonnes par an pendant plus d'un siècle. Des recherches nouvelles ont fait découvrir des gisements plus puissants encore, et le chiffre d'extraction possible, si on pouvait en opérer l'écoulement, dépasserait 400,000 tonnes par an pendant plus d'un siècle.

J'achetai ces mines, je m'engageai en outre à verser une somme de 1 million 500,000 fr. et à fournir 2 millions pour la construction d'un chemin de fer destiné à mettre en rapport ce bassin houiller avec le chemin de fer de la Méditerranée à Alais.

Aujourd'hui, le chemin de fer est construit, les emménagements faits permettent de porter l'extraction à un chiffre très-élevé, et le prix de revient des charbons rendus à Marseille ne dépasse pas 17 à 18 fr. la tonne, pour une extraction de 200,000 tonnes seulement ; et ce prix descendrait encore si l'extraction s'élevait à 300,000 tonnes par an, quantité qu'il serait facile d'obtenir, si l'état actuel du marché en faisait prévoir l'écoulement.

Quoi qu'il en soit, et pour en revenir aux causes qui, en 1854, ont déterminé l'acquisition de ces mines, on voit que si la situation de 1854 à 1856 s'était maintenue, et qu'il fût possible de vendre 300,000 tonnes par an aux prix de ces dernières années, c'est-à-dire à 32 fr. la tonne, le bénéfice n'eût pas été moindre de 2 à 3 millions par an, soit plus de 30 p. 100 du capital social.

Dans ces dernières années, sous l'influence de causes que je ne me propose pas de rechercher ici, le prix de la houille est tombé de 20 à 22 fr !

1855

Hauts fourneaux et fonderie de Saint-Louis.

(BANLIEUE DE MARSEILLE.)

Si l'industrie houillère offrait de belles perspectives en 1854, l'industrie métallurgique, en 1855, ne présageait pas un moins bel avenir. La fonte de première fusion en gueuses se vendait couramment 180 fr. la tonne, et, grâce à la proximité des riches minerais de l'île d'Elbe et avec le coke des mines de Portes, il était facile de produire de la fonte en excellente qualité au prix de 80 à 90 fr. la tonne.

Cette grande différence, entre le prix de revient de la fonte à Marseille et celui de vente, était un avantage si considérable qu'il avait attiré mon attention. En outre, la fonte moulée, c'est-à-dire les pièces en fonte de première fusion, se vendait de 250 à 300 fr. la tonne.

Enfin, et ce qui m'encourageait encore à créer des hauts fourneaux à Marseille même, c'est, d'abord, qu'il n'en existait pas dans un rayon de moins de 180 kilomètres, et que la navigation à vapeur marchande, qui a si souvent besoin de pièces de rechange d'une forte dimension , était dans la nécessité fâcheuse de les commander à une grande distance. Il y avait aussi pour moi cette considération capitale, que je trouvais là l'emploi d'une certaine quantité de charbons menus.

Enfin cette création présentait à mes yeux de grands avantages, soit au point de vue du produit ou des revenus, soit comme emploi des charbons menus de Portes, soit, endéfinitive, comme établissement utile.

Je ne pouvais prévoir, quand je construisais ces hauts-fourneaux, qu'un an après un décret [1] autoriserait l'introduction des fontes anglaises et renverserait toute l'économie sur laquelle reposait la création de cet établissement métallurgique ; je ne pouvais prévoir en 1854 et 1855 cette immense réaction contre les affaires qui allait restreindre la consommation métallurgique et houillère au lieu du grand développement que faisait pressentir l'état des choses en 1854 et 1855.

La situation nouvelle a tellement changé d'aspect que quoique ayant fait construire deux hauts fourneaux et une fonderie, je n'ai fait allumer qu'un

[1] Octobre 1855.

haut fourneau, et par suite le prix de revient, qui avait été basé sur une plus forte production, a dépassé mes prévisions ; plus tard, les conditions même de cette industrie ont été complétement changées et les prix de vente se sont sensiblement affaiblis en même temps que ceux de la houille.

Quoi qu'il en soit, l'établissement n'a pas cessé de marcher et la qualité de ses fontes est tellement supérieure, que toute sa production est placée d'avance ; mais, il est vrai, à des prix beaucoup moins rémunérateurs que ceux qui avaient servi de base à mes calculs.

Privilége pour l'éclairage au gaz de Marseille.

C'est pendant cette même année 1855 que je devins concessionnaire de l'éclairage au gaz de la ville de Marseille.

J'étais dirigé, en faisant cette affaire, par un double sentiment : l'un provenait de la pensée d'utiliser les charbons menus des mines de Porte, l'autre d'aider la municipalité de Marseille à sortir d'un très-grand embarras. Ce désir d'être utile exerçait une telle influence sur ma détermination, que je n'acceptai la concession de l'éclairage au gaz de la ville de Marseille, qu'avec une clause qui était de nature à me faire perdre cette concession, mais qui avait le mérite, dans tous les cas, de dégager la municipalité de Marseille des embarras que lui avait occasionnés cette affaire.

Je m'explique :

La ville de Marseille n'avait pas jusque-là constitué en privilége la vente ou la distribution du gaz. Chaque compagnie avait obtenu successivement les autorisations nécessaires pour établir leur canalisation et construire ses usines. Sur trois compagnies existantes, deux avaient peu de ressources financières ; la troisième, au contraire, était très-puissante sous ce rapport ; c'était la compagnie anglaise dite Compagnie *Continentale.*

Il y avait trois canalisations dans la ville, et il en résultait les plus graves inconvénients à cause du remaniement permanent du pavage, et aussi sous le rapport de la salubrité, à cause des exhalaisons amenées par des fuites de gaz plus nombreuses.

Le traité passé entre la ville et la Compagnie Continentale pour l'éclairage public allait expirer ; la ville voulut obtenir un abaissement dans le prix payé pour l'éclairage public ; elle offrait, en échange, d'assurer le privilége de l'éclairage des particuliers. En un mot, elle voulait faire à Marseille ce que le préfet de la Seine venait de faire à Paris.

La Compagnie Continentale, pour ne pas trop réduire le prix du gaz vendu soit à la ville, soit aux particuliers, soutenant qu'elle s'était établie sous le principe de la liberté de l'industrie du gaz, et que la ville ne pouvait substituer le privilége à la liberté sans indemniser les industries qui s'étaient fondées sous l'empire du droit commun.

La ville de Marseille prétendait qu'en traitant pour vingt ans avec la Compagnie Continentale pour l'éclairage public, et en livrant à la libre concurrence l'éclairage des particuliers, elle n'avait pu aliéner sa liberté, et qu'elle entendait constituer une seule société

à laquelle elle concéderait le privilége absolu de l'é-
clairage au gaz en échange d'un adoucissement dans
le prix de l'éclairage municipal.

Je tranchais la difficulté en offrant de me charger
de l'éclairage au moyen d'un traité comprenant des
conditions équitables pour la ville et les concessionnaires, de faire approuver ce traité par le conseil municipal et par M. le préfet des Bouches-du-Rhône, et
d'introduire une clause par laquelle cet acte de concession serait communiqué à la Compagnie Continentale, qui, pendant un délai déterminé, aurait de droit
la préférence sans autre avantage en ma faveur que
la satisfaction d'avoir été utile.

Cette proposition fut adoptée; elle satisfaisait tous
les intérêts et respectait le sentiment d'équité auquel
voulait obéir la municipalité.

La Compagnie Continentale fut mise en demeure
d'accepter le traité fait par la ville avec moi; elle
refusa, et c'est seulement après ce refus que je devins
concessionnaire définitif.

Aussi, lorsque le diecteur de la Compagnie Continentale adressades réclamations au ministre de l'inté-
rieur, il reçut la réponse suivante :

« Paris, le 6 avril 1856.

» Monsieur,

» Vous m'avez adressé, au nom de la Société impé-
» riale et continentale de Londres, une réclamation
« contre le traité passé entre l'administration munici-
» pale de Marseille et M. Mirès.

» Quoique par sa nature la conclusion de cette af-
» faire n'excédât pas la limite des pouvoirs locaux,
» j'ai pris des renseignements sur les circonstances qui
» ont porté l'administration municipale à souscrire ce
» marché, et il en résulte que cette administration
» *vous avait offert la concession* de l'éclairage aux
» mêmes conditions que celles qui ont été consenties
» par M. Mirès ; elle n'a traité définitivement avec ce
» dernier qu'après avoir vainement attendu votre ac-
» ceptation.

» En cet état de choses, la ville de Marseille a fait
» tout ce qu'on pouvait raisonnablement exiger d'elle
» pour ménager vos intérêts, sans sacrifier les siens ;
» et, par conséquent, l'autorité supérieure n'aurait au-
» cun motif, quand bien même elle en aurait le droit, de
» mettre obstacle à *l'exécution du contrat intervenu.*
» Recevez, etc.

> » *Le Ministre secrétaire d'État au departement*
> » *de l'intérieur,*

> > » *Signé :* BILLAUT. »

4.

Toujours dirigé par le même sentiment d'équité, je proposai à la Compagnie Continentale de prendre à dire d'experts la canalisation qu'elle avait fait poser dans la ville et que je pouvais utiliser.

Ce fut seulement après avoir éprouvé un refus d'accepter aucun arrangement pour cet objet, que je dus faire construire de vastes usines qui certainement, avec celles de Paris sont les plus belles de France et sont les mieux installées. Je dus renouveler entièrement à neuf la canalisation entière qui n'est pas d'une étendue moindre de cent kilomètres.

Il n'est pas inutile d'ajouter quelques mots sur les entreprises qui précèdent :

Les mines de houille de Portes et Sénéchas ;

Le chemin de fer qui relie ces mines au chemin de la Méditerranée à Alais ;

Les hauts fourneaux et fonderies de Saint-Louis ;

Le privilége de l'éclairage au gaz.

Ces entreprises forment actuellement une seule et même société et l'une des plus belles du Midi. Cette société a été transformée en société anonyme sur la proposition de Son Excellence M. le ministre du commerce, après une instruction qui a duré plusieurs années et l'investigation la plus sévère sur la valeur de l'actif de chacun de ces établissements.

1856

Acquisition des terrains à Marseille.

Le traité pour l'éclairage au gaz de la ville de Marseille, était devenu définitif dans le mois de décembre 1855. Je me rendis à Marseille pour choisir et
arrêter les terrains sur lesquels devait être construite
la nouvelle usine à gaz. L'acquisition faite et l'acte
passé, je me disposais à repartir pour Paris, lorsque je rencontrai M. le marquis de Crève-Cœur,
préfet des Bouches-du-Rhône ; je lui fis connaître
en causant le but de mon voyage et lui indiquai
le lieu où je me proposais de faire construire l'usine
à gaz. En même temps, je lui annonçai mon départ
pour le jour même.

« Pourquoi n'achetez-vous pas les terrains de la
Joliette ? » me demanda tout à coup M. le préfet des

Bouches-du-Rhône. — « Parce que, répondis-je, je suis certain que le traité que je ferais à Marseille ne serait pas ratifié à Paris, et j'aurais ainsi, comme toujours, préparé une affaire pour mes rivaux. » Je n'expliquai pas les raisons qui dictaient mon langage, mais ces raisons, on le comprend facilement, étaient le souvenir de ce qui m'était arrivé en 1853 et 1854, pour les sociétés de Crédit foncier, et bien plus encore, un grave incident survenu dans le mois d'octobre 1855.

Il y avait dans ces précédents des motifs sufisants pour justifier mes appréhensions, c'était la certitude d'un défaut de ratification, si je m'avisais d'acquérir les terrains dépendant des nouveaux ports. Ces appréhensions ont été du reste justifiées par les faits qui ont suivi. J'avais à cet égard des idées tellement arrêtées, que je ne voulais même pas entrer en pourparlers pour ébaucher une affaire qui ne pouvait devenir définitive qu'avec le concours de M. le ministre des travaux publics.

« Mais, dit M. le préfet, en insistant encore, offrez un bon prix et je ratifie le marché comme la loi m'en donne le droit; seulement pour que je puisse en user, il faut en offrir uu prix qui soit avantageux; en un mot, pour couvrir ma responsabilité, il faut agir largement. »

Sur cet avis je me rendis immédiatement chez le

maire de Marseille pour connaître les conditions auxquelles ces terrains pouvaient être concédés. Le maire
réunit sur-le-champ les ingénieurs de la ville et de
l'État au nombre desquels était le célèbre M. de Mont-
richer, de si regrettable mémoire. On arrêta séance
tenante la valeur des travaux à effectuer pour la mise
en état, ces travaux furent espacés sur cinq années,
durée pendant laquelle le port Napoléon devait être
construit.

Cela fait, M. le maire convoqua d'urgence et pour
le jour même les principaux membres du Conseil municipal, se fit donner le mandat impératif de ne pas
céder les terrains au-dessous du prix de 50 fr. le mètre,
parce qu'il avait vu le Conseil disposé à accepter l'offre
que j'avais faite d'acquérir ces terrains au taux de
l'estimation qui en avait été faite par les ingénieurs,
et qui était de 47 fr. le mètre.

Le même jour j'adhérai au prix de 50 fr. le mètre
indiqué par la municipalité; le traité fut rédigé immédiatement, soumis au Conseil municipal le lendemain,
qui l'approuva à l'unanimité moins une voix et le soir
il fut signé par les parties.

Peu de jours après, M. le préfet, exécutant loyale-
ment sa parole, y donnait son approbation et le rendait ainsi définitif.

Je pourrais arrêter là le récit de cette affaire, mais elle
a donné lieu à tant de critiques, à de si singulières

calomnies, que je dois faire connaître tout ce qui s'y rattache, non pour justifier les hommes qui y ont participé, mais pour fournir de nouvelles preuves des passions qui se sont toujours acharnées à me poursuivre au point que je puis dire que ma carrière financière, que la foule a cru si heureuse, a été un martyre continuel.

Pour bien juger la profonde injustice des attaques dont j'ai été l'objet à l'occaaion de cette affaire, il faut connaître ses antécédents, les voici :

En 1835, l'état avait décidé qu'un nouveau port serait construit à Marseille, ce port devait être établi au moyen de conquêtes à opérer sur la mer jusqu'à une distance où la profondeur de l'eau permettrait le mouillage des gros navires. La situation indiquée pour ce nouveau port fut l'emplacement occupé par l'ancien lazaret au lieu dit la Joliette.

Ce port, commencé en 1837, ne fut achevé qu'en 1853, après seize ans de travaux ; cependant il n'occupe qu'une surface d'eau de 210,000 mètres. Le port Napoléon d'une surface d'eau de 400,000 mètres grâce à mon concours, aura été construit en cinq ou six années.

Les terrains conquis sur la mer pour le seul port de la Joliette formaient environ 180,000 mètres.

Ces 180,000 mètres étaient admirablement situés; ls entouraient la cathédrale, ils se reliaient avec la vieille ville et n'étaient pas très-éloignés de l'extrémité du vieux port, cependant ils furent l'objet d'un traité de cession fait avec M. Talabot en 1854, par lequel ces 180,000 mètres de terrain, si favorablement situés, étaient vendus à 25 fr. le mètre.

Ce traité avait été approuvé par le Conseil municipal et transmis à M. le ministre des travaux publics par le préfet des Bouches-du-Rhône avec un avis favorable.

Indépendamment de cette cession de terrains faite dans des conditions si modestes à M. Talabot, on lui accordait en outre la concession des docks à établir sur une partie des terrains vendus.

M. Magne était alors ministre des travaux publics; avant de ratifier le traité qui lui était soumis, il voulut voir les lieux, et ce fut après cet examen qu'il refusa de ratifier l'acte de cession consenti à M. Talabot, rectifia et changea les projets, pour leur donner un plus vaste développement et décida :

1° Qu'un second port d'une surface d'eau double de celui de la Joliette (400,000 mètres) serait construit à la suite de ce dernier port.

2° Qu'il serait créé un bassin entre les deux ports, dans lequel seraient établis les docks.

Par suite de cette résolution, de nouveaux terrains allaient être conquis sur la mer, et les superficies à vendre n'étaient plus de 180,000 mètres ; elles allaient s'élever à 400,000 mètres. Si, dans ce moment, M. Talabot eût offert 25 francs le mètre de toutes les surfaces qui allaient être disponibles, nul doute que son offre n'eût été acceptée ; mais cette proposition ne fut pas faite.

Or, ce sont ces 180,000 mètres de terrains, vendus à 25 francs le mètre en 1854, augmentés des superficies qu'on allait conquérir sur la mer et qui élevaient les quantités à 400,000 mètres, que les autorités de Marseille vendaient dix-huit mois après à 50 francs le mètre ; c'est-à-dire pour une somme de 20 millions !

Dans le courant du mois de mars 1856, sous l'influence des idées de paix que le traité de 1856 faisait naître, je fis apport à une société, appelée Société des Ports de Marseille, du traité passé avec les autorités marseillaises. La Caisse générale des chemins de fer fut chargée naturellement de négocier les actions qui se placèrent avec une facilité merveilleuse, et c'est précisément lorsque cette faveur publique se manifestait si vivement pour cette entreprise, que le nouveau ministre des travaux publics, M. Rouher, intervint avec la pensée de demander la nullité de la vente qui m'avait été faite.

Pour quel motif faire annuler cette vente ? Il ne pouvait y en avoir qu'un : l'intérêt de l'État, qui voulait retirer de ces terrains le plus haut prix possible. La demande en nullité ne pouvait donc se justifier que si le ministre avait à sa disposition un acquéreur prêt à donner un prix plus élevé que le mien.

Qui donc pouvait avoir intérêt à acquérir ces terrains ? C'étaient d'abord la Compagnie du chemin de la Méditerranée, pour agrandir sa gare maritime ; ensuite la Compagnie des Messageries pour son installation maritime ; enfin, M. Talabot, s'il avait été concessionnaire des docks. Or, j'affirme que pas une de ces trois entreprises n'a fait d'offres, par conséquent, l'acquéreur, s'il s'en présentait un, ne pouvait être qu'un financier spéculateur, qui ayant remarqué la faveur dont jouissaient alors les actions de la Société des Ports de Marseille, qui se négociaient avec nue forte prime, voulait tout simplement hériter de l'affaire pour bénéficier de la plus-value des actions.

Ici, j'en fais mille excuses à M. Rouher, mais je suis amené à poser ce dilemme : ou il y avait derrière la demande en nullité un acquéreur tout prêt à me succéder, ou la demande en nullité de mon traité était un acte peu raisonnable.

Mieux éclairée, l'administration, cette fois, n'a pas persisté, et le traité est resté debout. Passons à son exécution. Peut-on me reprocher de n'avoir pas rempli rigoureusement les engagements contractés? J'en ferai juge au besoin M. Rouher lui-même. Aux termes du traité, les payements à effectuer jusqu'en 1858 ne devaient s'élever qu'à 4,500,000 fr. ; or, à cette date, les fonds versés dans la Caisse municipale n'étaient pas moindre de 15 millions.

Ce qu'on ignore généralement, c'est que ces beaux travaux, ce port d'une surface d'eau de 400,000 mètres, a été construit avec les fonds que j'ai fournis, et sans que le gouvernement ait inscrit avant 1860, une seule somme au budget pour être affectée à la construction du port Napoléon.

Réseau pyrénéen.

L'année 1856 fut fertile en incidents qui attestent cette fâcheuse tendance qui se révélait chaque fois qu'une initiative de ma part se produisait, et la concession du réseau pyrénéen en est un nouvel exemple.

La concession des chemins de fer qu'on nommait le réseau pyrénéen avait été l'objet d'un projet de loi présenté au Corps législatif dans le premier semestre de 1856.

Personne n'ignorait que cette concession était réservée à la Compagnie des chemins de fer du Midi, et par conséquent nul concurrent ne se présentait; la Compagnie du Midi, voulant sans doute profiter de cette situation, ne trouvait pas que la subvention fût suffisante. Le ministre ayant persisté à ne pas modifier le projet de loi, les négociations avaient été rompues et la Compagnie du Midi avait déclaré se retirer, évidemment dans la pensée que la nécessité obligerait le gouvernement à céder.

J'intervins alors et j'adressai à M. le ministre des travaux publics une demande en concession de ce réseau avec un rabais de deux millions sur le chiffre de la subvention. Je proposai en outre un rabais sur le tarif relatif aux bestiaux, dans l'intérêt des propriétaires ruraux de ces contrées.

Ma demande était appuyée par les noms les plus honorables et l'offre d'un cautionnement considérable. Elle resta cependant sans réponse, ou la réponse se borna à un accusé de réception.

Certainement M. Rouher avait raison de préférer comme concessionnaire la Compagnie du Midi à une société nouvelle; celle-ci n'aurait pas eu les facilités dont jouissait la Compagnie du Midi, notamment celle de pouvoir construire le réseau pyrénéen avec une émission d'obligations. Je reconnais que les préférences de M. Rouher étaient légitimes. Mais ce qu'on ne peut contester aussi c'est que ma proposition avait le mérite de prouver aux administrateurs de la Compagnie du Midi que s'ils n'étaient pas plus raisonnables la concession pouvait leur échapper. Ma demande, au point de vue de l'État, n'eût-elle eu que cet avantage, méritait une marque d'attention, sinon de bienveillance. Il n'en fut pas cependant ainsi ; ma proposition fut mise de côté avec un dédain blessant pour les signataires de la demande, qui étaient enveloppés dans l'hostilité dont j'étais l'objet. Cependant les administrateurs des chemins de fer du Midi, prévenus de cette concurrence, consentirent à prendre la concession et après l'avoir refusée avec une subvention de 26 millions, ils l'acceptèrent ensuite à 24 millions.

Le procédé de M. Rouher dans cette circonstance, rapproché de ce qui s'était passé quelques mois avant pour les terrains de Marseille, les actes de 1853 et 1854 à l'occasion des sociétés de Crédit foncier m'avaient plongé dans le plus profond découragement, en me faisant perdre toute espérance de vaincre les obstacles qui se dressaient contre moi.

Je ne pouvais découvrir d'où venaient ces hostilités : propriétaire de journaux voués à la défense de la politique du gouvernement, j'en avais laissé la direction absolue à l'administration, et je n'avais que le droit de payer la rédaction politique et littéraire qui me coûtait 300,000 francs par an.

J'interrogeai mon passé ; je me demandai s'il s'y trouvait quelque point obscur qui pût justifier l'espèce d'ostracisme dont on me frappait ; mais je n'y trouvai aucun acte contraire à l'honneur ou à la simple délicatesse.

Je savais cependant que le monde financier était
hostile à mon égard, qu'il y avait dans ces régions des
rivalités cruelles; mais je ne pouvais me persuader
qu'en dehors de ce cercle je fusse en butte à des hostilités significatives. Cependant, comment expliquer l'ani-
madversion constante dont j'étais l'objet, et dont je
trouvais l'expression la plus nette dans le dédain affecté avec lequel avait été reçue ma proposition pour
le réseau pyrénéen? En effet, je n'avais pas été honoré
d'un seul avis qui pût me faire supposer qu'une attention quelconque eût été donnée à cette proposition, qui
avait cependant contraint la Compagnie du Midi à être
plus raisonnable.

Je perdis ainsi l'espérance d'associer les capitaux
qui m'étaient confiés aux entreprises de travaux publics français, et profondément affecté de ces mésa-
ventures je m'occupai à regret, il est vrai, d'affaires
étrangères ; personne ne me reprochera d'être entré
dans cette voie après les essais malheureux que j'avais
faits dans mon pays.

Affaires étrangères.

De 1852 à 1856, la France a dominé l'Europe par la puissance du capital en commanditant les autres nations, en les rendant pour ainsi dire tributaires; et cependant, les idées qui circulent en France depuis quelque temps sont si étranges, qu'on se défend presque d'avoir fait des affaires à l'étranger comme s'il s'agissait d'un acte répréhensible.

Du reste, l'immense développement donné aux affaires étrangères ne date réellement que de la note du 9 mars 1856, qui, à la veille même de la paix générale, signifia au monde industriel et financier qu'on entendait arrêter l'élan des affaires et l'esprit d'entreprise. Le capital flottant de spéculation était alors très-considérable sur le marché français. Que pouvaient faire ces capitaux disponibles? Ils se dirigèrent naturellement vers les affaires étrangères; la nécessité même pour les établissements financiers de création récente de produire des revenus pour leurs actionnaires, les attirait vers ce but. Le seul danger, c'était que ces capitaux mal dirigés fussent appliqués à des affaires d'une valeur suspecte; or, très-heureusement, ce danger a été évité, et on peut dire que la presque totalité des entreprises de travaux publics faites en Europe, avec le concours du marché français, offre une sécurité absolue.

Quant à moi, je le répète, je n'avais pas la faculté de choisir. J'ai subi la loi qui m'était imposée. Mais parmi ces affaires que j'ai faites à l'étranger, en est-il une seule qui ne soit belle et honorable? L'une, la concession des chemins romains, n'a vu ses avantages amoindris que par les trahisons de toute sorte dont j'ai été victime, et néanmoins cette affaire n'en demeure pas moins excellente. L'emprunt espagnol de 800 millions de réaux, le chemin de Pampelune à Saragosse, enfin l'emprunt ottoman forment l'ensemble des affaires que j'ai faites à l'étranger.

Je le demande à tout homme impartial, ai-je engagé les capitaux qui m'étaient confiés, dans des entreprises hasardeuses?

Mais je reprends le récit, année par année, de mes vicissitudes, car je n'ai pas encore fini de raconter les difficultés qui m'ont été suscitées, difficultés qui n'ont cessé que lorsque l'Empereur a bien voulu intervenir pour y mettre un terme : malheureusement cette auguste intervention n'a eu lieu qu'en 1858, et déjà le mal qui m'avait été fait était bien grand !

1856

Chemins de fer romains.

Le premier semestre de 1856 s'était donc écoulé au sein des difficultés avec le ministre des travaux publics soit à l'occasion des terrains de Marseille, soit à l'occasion du réseau pyrénéen.

J'employai la seconde partie de cette année à étudier et conclure l'affaire des chemins de fer romains et l'emprunt espagnol.

La concession des chemins de fer romains avait été accordée par le gouvernement de S. S. Pie IX à M. le duc de Rianzarés, qui habite Rome pendant l'hiver.

Le duc de Rianzarés avait formé une société composée de quelques personnes de son entourage, moins dans le but de construire les chemins de fer que de céder la concession en se réservant un avantage.

La concession accordée comprenait :

1° Rome à Civita-Vecchia ;

2° Rome à Ancône ;

3° Ancône à Bologne.

Il était alloué à ces concessions, indépendamment des revenus de Civita-Vecchia, une garantie de revenus minimum de 10,000,000 fr.

Plus tard le gouvernement pontifical accorda la concession de Bologne à Ferrare avec un supplément de garantie de 500,000 fr.

De sorte que l'ensemble des concessions formant environ 600 kilomètres pouvant être mises en exploitation avec un capital de 175 millions, jouissait d'une garantie d'intérêt équivalent à 6 0/0, qui avec les produits indépendants de Civita-Vecchia élevait le revenu de 6 1/2 à 7 0/0.

M. Petit, ingénieur en chef des ponts et chaussées et secrétaire de la commission des chemins de fer au ministère des travaux publics, fut chargé d'étudier ces concessions afin d'être assuré que les probabilités de dépenses ne dépasseraient pas l'estimation de 175 millions soit moins de 300,000 fr. par kilomètre ; cette étude avait démontré que les dépenses n'atteindraient pas ce chiffre ; et quoique des dépenses qui auraient dû ne pas être faites soient venues depuis lors élever le prix de revient à 300,000 fr. par kilomètre, le capital suffira à l'achèvement des lignes.

Si on considère que les contrées traversées par ces concessions sont les plus peuplées de l'Europe, que ces chemins mettent en communication la Méditerranée et l'Adriatique par Civita-Vecchia et Ancône, si enfin j'ajoute que les tarifs concédés à cette compagnie sont remarquablement avantageux, on reconnaîtra que la concession des chemins de fer romains constitue l'une des plus belles affaires de l'Italie et qu'elle est bien supérieure aux autres concessions accordées dans la Péninsule.

J'insiste à cet égard, parce que cette affaire a été la principale source de mes ennuis. Mais je le demande, en devenant concessionnaire de cette grande et belle entreprise, avais-je commis une faute, lorsque surtout je n'y étais entraîné que par les fâcheux échecs que j'avais éprouvés en France dans mes efforts pour m'intéresser aux grands travaux d'utilité publique ?

1856

Emprunt espagnol de 800 millions de réaux.

Depuis des siècles, et surtout chez les races latines,
le commerce du capital a été presque exclusivement
le partage de la race juive; que cette situation soit le
résultat du sort qu'on leur avait fait en leur inter-
disant dans la plupart des contrées, la possession du
sol, ou en ne faisant que les tolérer dans les pays où
ils trouvaient asile, il n'en est pas moins vrai qu'au
nord comme au midi de l'Europe, les juifs sont restés
ou sont devenus presque complétement les dispensa-
teurs de la richesse mobilière. Si cette situation a une
grande importance pour les juifs, elle n'est pas sans
danger pour eux, à une époque surtout où les peuples
ont des tendances à transformer leur organisation so-

ciale ; tendances qui ont pour effet d'affranchir la société de tous liens féodaux ou aristocratiques, comme en France, pour leur substituer l'égalité civile et politique, c'est-à-dire le pouvoir des masses, ou autrement dit le travail. Or, qu'est-ce qui peut développer le travail ? c'est le capital qui, seul, peut le rémunérer, le féconder.

Si les sociétés modernes convergent vers le travail et le capital, il en résulte tout naturellement que la classe qui saura le mieux agglomérer et faire mouvoir le capital deviendra prépondérante dans toutes les branches de l'activité commerciale, par conséquent cette prépondérance reviendra à la race juive et c'est précisément dans cette situation qu'est son danger.

Cette réflexion me remet en mémoire une conversation que j'eus l'honneur d'avoir en 1858, avec S. E. le cardinal Antonelli. J'étais à Rome, et cet homme si supérieur par sa grande et puissante intelligence, voulait bien quelquefois me recevoir, et toujours son accueil était bienveillant. Dans un de ces moments d'audience, il me demanda, sans phrases, ce que je pensais de l'affaire Mortara : « Éminence, lui » dis-je, permettez moi, dans l'intérêt des juifs de ne » pas vous dire mon opinion, non pas parce que cette » opinion ne serait pas à la louange du gouvernement » pontifical, mais, ce qui est plus grave pour les » hommes qui dominent au Vatican, parce que cette

» opinion ne ferait pas l'éloge de leur intelligence, qui
» est cependant très-grande; or, comme je veux con-
» server les bonnes grâces de Votre Éminence, je vous
» prie de me dispenser de dire ma pensée sur cette
» affaire. » Le grand cardinal, comme on l'appelle à
Rome, insista avec bienveillance en me rappelant que
Rome était encore, comme toujours, le pays où la
liberté de la parole était la plus complète, ce qui est
parfaitement vrai.

« Eh bien, puisque Votre Éminence le désire, voilà
» ma pensée sur l'affaire Mortara. Ainsi que Votre
» Éminence l'a remarqué, la puissance du capital est
» devenue de nos jours, plus qu'à aucune autre époque,
» la puissance dominante, c'est elle qui commande,
» c'est par sa puissance que l'opinion publique se
» forme, c'est par le capital que les nations s'élèvent,
» que les peuples aspirent aux améliorations matérielles.
» Par conséquent la classe qui possède le capital, ou,
» ce qui est la même chose pour la foule, qui a la
» réputation de le posséder, cette classe, dis-je, est
» exposée, à un moment donné, à toutes les haines, à
» toutes les vengeances les plus aveugles, les plus in-
» sensées. Jugez, Éminence, si à cette disposition natu-
» relle à l'esprit humain venait s'ajouter le sentiment
» répandu dès l'enfance, dans le cœur des catholiques,
» contre les hommes accusés d'avoir crucifié le rédemp-
» teur de l'humanité.

» Voyez-vous, Éminence, à quels dangers cette
» race serait exposée un jour d'erreur populaire, ou
» les jalousies commerciales et les passions ardentes
» de l'envie, s'abriteraient sous le manteau de la reli-
» gion ? C'est là précisément la perspective que les
» juifs peuvent entrevoir, uniquement parce qu'ils pos-
» sèdent le capital ou même parce qu'on croit qu'ils le
» possèdent. Si Votre Éminence veut bien considérer
» que dans quelques pays, ils sont admis au titre de
» citoyens égaux, que dans d'autres ils marchent vers
» l'affranchissement et que cependant il y a toujours
» au fond du cœur, dans les masses, une espèce de
» répulsion plutôt endormie qu'éteinte, n'entrevoyez-
» vous pas, Éminence, je le répète, ce qui pourra
» rallumer ces passions ? Évidemment les intérêts maté-
» riels, les convoitises, les luttes commerciales, finan-
» cières, industrielles qui se couvriront un jour du
» prétexte de la religion, ou de la morale, contre le
» commerce du capital, condamné par des Pères de
» l'Église, pour organiser une propagande contre
» les juifs. Or, les meilleures chances pour écarter de
» telles éventualités, seraient de susciter tous les cinq
» ou dix ans, une nouvelle affaire Mortara : qui en
» recueillant des sympathies en faveur des juifs, amor-
» tirait les haines que la possession du capital peut
» amasser contre eux.

» — Ah ! me répondit spirituellement le grand cardi-

» nal, il vous faut un peu de persécution. Eh bien !
» mon brave Mirès, vous n'en aurez plus, et vos co-
» religionnaires se défendront tout seuls !... »

Ce récit rend à peu près ma pensée sur un sujet que
j'étudie depuis plusieurs années ; car, dans le mouvement financier et industriel qui s'opère partout et qui
transforme les nations, en élevant ou abaissant le niveau de leur prépondérance par la possession du capital ; dans ce mouvement, dis-je, le rôle que les juifs
doivent jouer est si grand, que, parfois, je suis effrayé
de l'aveuglement des hommes les plus intéressés dans
cette appréciation, puisqu'ils persistent à n'en tenir
aucun compte. Ce qu'il y a de plus grave dans cet
aveuglement, pour une certaine classe, c'est que la
foule confond dans ses impressions, et peut-être con-
fondra un jour dans sa colère, les juifs du Nord et les
juifs du Midi de l'Europe, sans distinguer les différences si
sensibles entre les uns et les autres, et qu'on reconnaît
promptement si on étudie ce qui se passe sous nos
yeux, différences qui sont surtout caractérisées par les
luttes financières qui se produisent en Europe sur les
divers marchés de capitaux. C'est, en effet, sur
ce point que les grandes influences financières se
sont rencontrées ; c'est sur ce terrain qu'on a pu
remarquer les tendances qui distinguent les juifs du
Nord des juifs du Midi. Ces tendances, du reste,
sont le reflet fidèle d'abord des nations où ils ont vécu,

et ensuite, de leur situation dans chaque pays.

Les juifs du Nord de l'Europe, autrement dit les juifs allemands, sont froids et méthodiques, ce qui donne à leur intelligence, qui est très-grande, une puissance que les passions généreuses ne détournent jamais du but qu'ils poursuivent. L'organisation sociale de l'Allemagne, jusqu'à ce jour, a exclu la race juive de toute intervention dans la société, et lui a infligé une législation dégradante. Dans certains États on leur interdit sous des peines sévères, d'habiter en dehors de certains quartiers qui leur sont assignés ; dans d'autres contrées de l'Allemagne, le nombre de mariages annuels entre juifs est limité, comme si la multiplication de leur race était un danger ou un malheur. On comprend que des hommes traités ainsi se replient sur eux-mêmes, et ne cherchent leur jouissance que dans la possession des richesses. Ces richesses ne sont-elles pas, en effet, le moyen qui leur permet, à certains moments de leur vie, d'obtenir soit un adoucissement à leur situation sociale, soit d'exercer à leur tour une pression qui leur fait retrouver, sous un certain rapport, une domination morale, passagère il est vrai, mais qui, pour un instant, leur fait illusion ?

En Allemagne, les juifs sont maîtres de la plupart des marchés de capitaux ; ils exploitent ces marchés à leur profit exclusif ; mais, généralement, ils n'associent pas définitivement leur fortune, leurs richesses, à la fortune, à l'avenir de l'État dans lequel ils habitent.

Les juifs du Midi, que l'on qualifie de *juifs portugais*, ont puisé dans la race latine, où ils ont vécu, de plus nobles instincts : et leur admission en France à tous les droits de citoyen, a développé davantage, chez eux, des tendances qui les ont conduits à rechercher, dans l'association de leurs efforts et de leurs richesses avec l'intérêt public, soit un accroissement de leur fortune, soit un accroissement de considération, comme s'ils voulaient reconnaître, par des services rendus à la nation française, les services qu'ils en ont reçus.

Cette appréciation du caractère des juifs du Nord et des juifs du Midi, est d'une exactitude incontestable, que confirme l'étude de ce qui se passe sous nos yeux.

En effet, depuis plusieurs générations, l'influence financière de MM. de Rothschild domine l'Europe, ils ont, pour ainsi dire, le monopole des emprunts d'État : malheur à qui met en péril cette prépondérance, cette espèce de royauté! J'en ai fait l'expérience. En recherchant les avantages que les gouvernements ont recueillis de leur concours, on est frappé de l'affaiblissement financier, et conséquemment politique, des pays qui ont fait de MM. de Rothschild leurs banquiers préférés. Mais ce qu'on remarque encore de curieux sous ce rapport, c'est le contraste entre ce fait général et l'accroissement de la puissance financière et personnelle de la maison Rothschild, qui atteint une hauteur inconnue jusqu'à ce jour. Pourquoi cette différence? parce que MM. de Rothschild n'ont jamais livré aux gouvernements la clientèle que les emprunts d'État ont permis à leur maison de fonder. Cette clientèle qui revenait aux États, est restée leur chose propre, et, lorsque ces États n'ont pas voulu céder à la volonté de MM. de Rothschild, ceux-ci se sont retirés; et on sait ce qu'il est advenu pour l'Autriche, la Russie, etc.

Mais, sans aller chercher si loin des exemples pour la démonstration de ma pensée, je puis m'en tenir aux faits qui se sont produits en France. Je demanderai d'abord quel progrès financier ou industriel M. de Rothschild a fait faire à la France, où il a cependant dominé d'une manière absolue pendant si longtemps? A quelle époque M. de Rothschild a-t-il facilité les opérations financières du gouvernement, ou donné un encouragement à l'industrie? jamais.

Ne se souvient-on pas des luttes ardentes des partis dans les derniers jours du règne de Louis-Philippe, contre la dette flottante, sorte de dette qui, lorsqu'elle est trop élevée, est consolidée ou transformée par un emprunt? Or, cet emprunt, qui était si nécessaire, ne pouvait être fait que par M. de Rothschild, et le gouvernement de Juillet dut attendre les convenances du banquier, soit pour fixer l'époque où cet emprunt serait fait, soit pour en déterminer l'importance. Ainsi se trouvaient subordonnées les nécessités politiques aux convenances de M. de Rothschild.

Pour l'industrie, a-t-il, à une époque quelconque, pris l'initiative pour la développer, pour l'aider? En 1839, les chemins d'Orléans et de Rouen l'ont trouvé plutôt hostile que bienveillant.

Jamais le concours de M. de Rothschild n'a été acquis aux intérêts français. Quand il est entré dans les affaires de chemins de fer, c'est uniquement pour recueillir des bénéfices sous forme de primes, et encore lorsque cette prime a été préparée par d'autres, mais jamais son intervention n'a été déterminée par la pensée de féconder les travaux et d'être utile à la société.

M. de Rothschild était si rebelle à tout concours en faveur de l'industrie ou de l'État, qu'il refusait, en 1843, la concession, pour soixante-quinze ans, du chemin de fer de Paris à Lille, dans les conditions de la loi de 1842. Pourquoi refusait-il, en 1843, ce qu'il acceptait en 1845, dans des conditions si différentes et bien plus onéreuses? Parce qu'en 1843, la prime à recueillir n'était pas encore acquise, comme elle l'était en 1845, quand il profita des efforts faits par cette multitude de compagnies qui s'étaient formées.

Jetons maintenant un coup d'œil rapide sur les œuvres des juifs du Midi, représentés par MM. Pereire.

Que font ces derniers? Après avoir, pendant un grand nombre d'années, essayé vainement d'entraîner M. de Rothschild dans une voie libérale envers l'État et l'industrie, ils fondent, en 1852, une société financière, et par le concours des capitaux, associent à leurs efforts une immense clientèle qu'ils font ainsi entrer dans l'industrie.

Ils fondent une société de crédit foncier, institution réclamée par la propriété immobilière. Sur leur avis, le conseil d'administration de cette institution nouvelle demande à M. de Rothschild son concours moral, et, dans ce but, lui réserve une place dans le conseil d'administration. M. de Rothschild refuse.

Une société financière, même pour venir en aide à l'agriculture, constitue une agglomération de capital, et dès lors est une atteinte au monopole exclusif du capital dont M. de Rothschild est en possession.

MM. Pereire cherchent dans Paris, centre du gouvernement, quelles sont les œuvres qui peuvent féconder le travail et accroître le lustre du règne de Napoléon III. Le résultat de leurs recherches est la fondation d'une société qui, en deux ans, achève la partie de la rue de Rivoli dont l'architecture est uniforme. Le service des omnibus est restreint, ils l'étendent. Le gaz se vend, à Paris, 40 cent. le mètre cube, ils en abaissent le prix et la consommation s'accroît dans une énorme proportion.

Mais ce n'est pas seulement sous le rapport des améliorations introduites à Paris dans quelques services, que leur concours a été fécond. Grâce à eux, l'industrie des chemins de fer a réalisé une extension plus grande ; des réseaux nouveaux ont été concédés, qui, sans eux, auraient attendu longtemps.

Étendant leurs vues plus loin, ils veulent éviter, autant que possible, les crises fréquentes de numéraire, et, dans ce but, ils songent à créer une grande association de capitaux en Europe, en établissant à Vienne, à Madrid, à Turin, à Naples, à Constantinople, etc., des sociétés correspondantes de la société de Crédit mobilier. Cette conception tendait à niveler et à régulariser en Europe le mouvement du numéraire, absolument comme la facilité et la régularité des transports par les chemins de fer, doit bientôt, quand ils seront achevés, régulariser pour toujours les prix des grains pour les années de bonnes ou de mauvaises récoltes.

Mais un si vaste projet soulève une lutte acharnée, dans laquelle se sont révélées les tendances des juifs du Midi et du Nord. M. de Rothschild, défendant sa prépondérance, les juifs du Midi faisant de l'intérêt général le but principal de leurs efforts, en procurant à tous les bienfaits du crédit et de l'industrie.

Qui ne se souvient encore que le plus rude adversaire du Crédit mobilier, quand on voulut le créer en France, ce fut M. de Rothschild ? Il cria à l'immoralité et présenta même un mémoire contre les associations des capitaux. Et cependant lorsque MM. Pereire demandèrent, à Vienne, l'autorisation de fonder une société financière destinée à correspondre avec celle de Paris, M. de Rothschild, non content de les contrecarrer, se fit accorder l'autorisation de créer la société de Crédit mobilier autrichien.

Il y avait dans les propositions faites au gouvernement autrichien par les banquiers rivaux, des différences bien sensibles au point de vue de ma démonstration. MM. Pereire voulaient créer une société libre et cosmopolite comme le capital, tandis que MM. de Rothschild ne voulaient fonder qu'une société purement autrichienne, à laquelle toute affaire étrangère serait interdite; et, de cette façon, cette société, au lieu de porter une atteinte quelconque aux avantages dont M. de Rothschild était en possession en Autriche, facilitait au contraire ses propres opérations.

En Espagne, MM. Pereire veulent mettre en valeur les immenses richesses de ce pays, exploité financièrement depuis si longtemps par M. de Rothschild. Ce dernier voit dans les efforts de MM. Pereire une atteinte portée aux avantages qu'il retire depuis si longtemps de l'Espagne. Aussi fait-il obstacle, à Madrid, aux tentatives de M. Pereire, comme il l'a fait à Vienne, et, sans souci de la prospérité de la Péninsule, il fonde lui-même une société financière destinée à entraver l'action de la société de Crédit fondée à Madrid par M. Pereire.

Certainement, on ne peut pas faire un reproche à M. de Rothschild de préférer ses intérêts personnels à l'intérêt général ; aussi je ne critique pas, je constate des tendances.

A Turin, comme à Madrid, comme à Vienne, comme à Paris, on retrouve le même antagonisme, dicté par le même sentiment personnel de M. de Rothschild.

Dans les emprunts d'État, comme dans la formation des sociétés financières, M. de Rothschild n'a cessé de combattre tout ce qui n'était pas fait exclusivement par lui et en son nom.

J'ai raconté plus haut, quelle fut l'inutilité des efforts tentés en 1853, pour réunir dans un intérêt commun, les influences financières, pour faciliter l'emprunt de 250 millions que le gouvernement français voulait contracter, et comment ces négociations échouèrent par le fait même de M. de Rothschild.

Mais si le gouvernement français a su s'affranchir d'une domination incompatible avec la grandeur d'une dynastie issue du vote universel, d'autres gouvernements se sont laissé compromettre ou même ont succombé sous cette tyrannie qui les a isolés et n'a permis à aucune influence financière de les secourir efficacement : quelques exemples compléteront l'expression de ma pensée.

En 1854, le gouvernement ottoman veut faire un emprunt, il s'adresse d'abord à M. de Rothschild qui refuse son concours. Les représentants de la Porte font alors des tentatives auprès d'autres maisons; puis lorsque MM. Goldschmidt et Palmer, de Londres, ont traité avec le gouvernement ottoman, lorsque tous les actes sont passés, que le firman est rendu, MM. Goldschmidt et Palmer, craignant la guerre que M. de Rothschild peut leur faire sur le marché anglais, lui offrent une participation en le laissant maître d'en fixer les conditions.

M. de Rothschild, voyant l'affaire finie et prévoyant sa réalisation, accepte alors d'y entrer; mais il y met pour condition que les noms de MM. Goldschmidt et Palmer seront rayés du traité et de tous les actes pour être remplacés par le sien. Vainement, fait-on valoir les motifs les plus évidents, vainement veut-on épargner cette espèce d'humiliation infligée à des noms honorables; M. de Rothschild ne veut rien entendre.

En 1855, le gouvernement piémontais veut faire un emprunt en 3 pour 100. MM. Pereire se mettent sur les rangs, ainsi que M. de Rothschild; une entente entre les parties est offerte à M. de Rothschild, et dans ces conditions prévues, l'emprunt eût été conclu dans les prix de 63 fr. environ.

Mais, sur le refus de M. de Rothschild, la lutte s'engage, M. de Rothschild paye l'emprunt 67 francs.

puis il le livre à sa clientète avec une commission.

En 1856, le gouvernement espagnol veut contracter un emprunt et fait en conséquence des offres à M. de Rothschild ou à ses représentants à Madrid. Ces propositions sont refusées. Puis, lorsque le gouvernement espagnol a traité avec moi, lorsque les actes sont passés, publiés, lorsqu'enfin le gouvernement espagnol a obtenu le concours financier qu'il recherchait, lorsque M. de Rothschild ne peut plus empêcher ce gouvernement de satisfaire à ses besoins les plus urgents, alors seulement il consent à entrer dans l'emprunt; mais il renouvelle la proposition faite en 1854 à MM. Goldschmidt et Palmer pour l'emprunt ottoman, c'est-à-dire la disparition de mon nom, ce qui équivalait à déclarer explicitement que je ne pouvais remplir les engagements que j'avais contractés. Ne pouvant me faire consentir à cette proposition offensante, il me déclare une guerre à outrance, au risque de compromettre le crédit du gouvernement espagnol.

Voilà quel a été, dans ses phases diverses, le résultat de l'antagonisme entre les races juives du Nord et du Midi.

Cette digression m'a paru utile pour faire apprécier la nature et la gravité des difficultés que j'ai dû rencontrer, pour la réalisation ou la négociation de l'emprunt de 800 millions de réaux que j'avais contracté. En voici le récit.

On se souvient qu'en 1856, le gouvernement espagnol venait, par un coup d'État, de renvoyer les Cortès et d'appeler à la présidence du conseil, le maréchal Narvaèz. Aux suites inévitables d'un changement politique venait s'ajouter l'insuffisance des récoltes qui avait amené un grand enchérissement dans le prix des céréales ; enfin la nécessité prochaine de convoquer les colléges électoraux pour nommer de nouveaux députés aux Cortès. Tout, en un mot, rendait indispensable un emprunt pour suffire à des nécessités impérieuses. Les luttes engagées à Madrid comme à Paris, à Vienne, à Turin, entre les influences financières empêchaient toute négociation, et l'obstination de M. de Rothschild surtout rendait toute solution impossible.

Au plus fort des embarras engendrés par ces luttes, le maréchal Narvaèz me fit appeler à Madrid, par l'intermédiaire de M. le duc de Rianzarès.

Dès mon arrivée à Madrid, je me mis en rapport avec le gouvernement espagnol ; en même temps, je fis faire des ouvertures aux représentants de la maison Rothschild à Madrid ; mais je rencontrai une hostilité ardente que je ne pus vaincre. Bientôt, cette hostilité se fit jour dans la presse de Madrid, écho des influences financières. Les attaques dont je fus l'objet étaient telles que le gouvernement espagnol recula un moment devant l'explosion d'opposition qui éclatait de toutes

parts contre mon intervention. Cependant les nécessités impérieuses du Trésor faisaient une loi de conclure,
et, dans le mois de novembre 1856, je fis un traité
avec le gouvernement pour un emprunt de 800 millions de réaux, au prix net de 36,50. Par ce traité, je
me soumettais à une adjudication publique, ayant pour
base minimum le prix de 36,50. Le gouvernement
assurait ainsi son emprunt, tout en se réservant l'é-
ventualité de l'augmentation qui pourrait résulter de
l'enchère publique.

Témoin des graves embarras que les influences
financières et les journaux à leurs ordres suscitaient
au gouvernement espagnol, j'avais dû consentir à des
conditions si étranges et si dangereuses pour moi, puisque dans tous les cas j'étais engagé.

Comme M. de Rothschild est le principal fondateur et
le véritable directeur d'une société financière de Madrid, je lui fis offrir une participation en faveur de cette
société ; je voulais conjurer ainsi la redoutable concurrence que je prévoyais pour l'enchère publique ; M. de
Rothschild refusa, il préféra la lutte et je me vis forcé
de sacrifier par l'enchère publique, une somme d'environ trois ou quatre millions de francs.

De Madrid, la guerre fut ensuite transportée à Paris,
lorsque je voulus opérer la négociation des titres de
l'emprunt ; sur tous les marchés de l'Europe, je rencontrai également des résistances imposées par M. de

Rothschild, et, en résumé, par suite des difficultés qui me furent suscitées de toutes parts et sur tous les points, l'affaire qui aurait dû donner un bénéfice d'environ 25 millions de francs, a été pour la Caisse générale des chemins de fer une affaire nulle ; le résultat poursuivi par M. de Rothschild se trouvait ainsi en partie atteint !

Ah ! si manquant à mes devoirs de mandataire, si infidèle à des obligations morales contractées envers des actionnaires que j'aurais attirés dans une entreprise, si, dis-je, oubliant mes devoirs, j'avais fait servir cette société à mon intérêt personnel ou à mes rancunes, que de justes colères, que de violentes indignations n'aurais-je pas soulevées ?

1857

Réaction financière.

Le mouvement rapide et brillant qui, de 1852 à
1856, avait fait affluer vers le marché français tous les
capitaux de l'Europe, avait naturellement produit une
grande excitation dans les esprits, excitation du sein
de laquelle des opinions très-opposées avaient surgi;
les unes très-caractérisées, comme les idées d'opposition, condamnaient, les autres plus timides approu-
vaient les tendances industrielles et financières. Les
premiers, sans le comprendre, blâmaient ce développement de richesses mobilières parce que, disaient-
ils, on détournait de leur voie naturelle, le commerce
et l'industrie; les seconds soutenaient que l'accroissement du capital amené par la mise en valeur de nos

richesses minéralogiques, et la multiplication des richesses mobilières profitaient à l'agriculture et préparaient à son profit des capitaux plus considérables qui devaient élever sa valeur vénale, surtout en déterminant une consommation plus grande, conséquence naturelle d'une augmentation de richesses mobilières.

Cette dernière opinion, mieux fondée, plus raisonnable que l'autre, avait contre elle la situation plus apparente que réelle du moment, qui semblait présenter l'inconvénient du reste tout à fait passager, de voir les capitaux se retirer de la propriété immobilière pour se porter de préférence vers la Bourse et les valeurs mobilières.

Malheureusement la foule ne juge et n'apprécie que les choses qui frappent sa vue; elle ne fait pas de raisonnements philosophiques et se heurte brutalement aux faits. Elle ne se dit pas qu'en physique comme en morale, il n'y a jamais qu'un courant qui domine; qu'on ne peut pas espérer en même temps une fièvre industrielle qui accroît les richesses mobilières, et une excitation sur la propriété immobilière. La foule ne comprend pas que ces sortes de tendances se succèdent et ne se rencontrent jamais. Elle ne sait pas que l'exagération, dans un sens ou dans un autre, est pour ainsi dire la marche normale de l'esprit humain et que toute exagération finit par se réprimer elle-même. Que, si au contraire, se méfiant du jeu naturel des choses, on essaye de les arrêter dans leur cours par des mesures violentes, alors on détermine ce qu'on appelle une réaction ; mais les réactions qui ne sont pas naturelles, nuisent en même temps à toutes les natures de richesses, parce qu'elles précipitent ou prolongent les crises.

Quoi qu'il en soit, le gouvernement de l'Empereur, qui désirait suivre le courant des idées au lieu de le combattre, et conformer sa conduite à l'opinion la plus générale, qui n'est pas toujours la plus éclairée, le gouvernement, dis-je, voulait surtout échapper au reproche adressé aux dernières années du gouvernement de Juillet, lorsqu'à la suite de l'effervescence financière de 1845, on l'avait accusé de trop développer les intérêts matériels et même de sacrifier la dignité de la France au culte des richesses.

Cette préoccupation du gouvernement était rendue plus vive par les dispositions du Corps législatif contre les affaires, contre l'esprit d'association et les valeurs mobilières ; ces dispositions s'étaient révélées clairement à l'occasion du remaniement de quelques concessions de chemins de fer, et à l'occasion de la loi sur les sociétés en commandite. Elles se fortifiaient des réclamations de la propriété immobilière qui prétendait supporter seule toutes les charges de l'État, charges dont les valeurs mobilières étaient exemptes, à ce qu'elle prétendait.

Malheureusement une discussion approfondie n'avait pas rectifié toutes ces erreurs de l'opinion, erreurs propagées par le sentiment irréfléchi d'envie qu'avait excité la période si prospère de 1852 à 1856. Nul n'avait mis en relief les avantages que cette prospérité avait présentés pour tous les éléments de la richesse publique, notamment pour la propriété immobilière ; nul n'avait songé à prouver que la plus-value incontestable dont elle jouissait était produite précisément par l'accroissement des richesses mobilières, c'est-à-dire par l'augmentation du capital destiné à l'acquérir ou à la créditer. On ne paraissait pas tenir compte de la prépondérance politique que la France avait acquise en devenant le centre des capitaux de l'Europe et en commanditant les grands travaux de l'étranger avec le capital même que l'étranger envoyait sur le marché de Paris.

C'était cependant cette situation prépondérante du marché français qui avait permis la réalisation successive, et à quelques mois de distance, de trois emprunts de 250, de 500 et de 750 millions, tous effectués avec un succès qui augmentait comme le chiffre des emprunts eux-mêmes, tous effectués au même prix, chose incroyable et qui ne s'était jamais vue.

Est-ce que le résultat de ces emprunts n'a pas eu pour effet de rattacher l'opinion de l'Europe à la politique de l'Empereur? Et dès lors, n'aurait-on pas dû conserver plutôt que détruire ce vaste et puissant marché qui constituait un si vigoureux instrument de force et de grandeur ?

Il n'est pas douteux, que si des discussions publiques et approfondies avaient combattu ou modéré les tendances de l'esprit public, les bienfaits recueillis par le développement des richesses mobilières n'auraient pas été niés et condamnés. On n'aurait pas eu le spectacle de ce déchaînement violent et insensé contre la Bourse, contre les affaires et les hommes qui les ont dirigées. La France n'aurait pas assisté à ce spectacle étrange d'une société détruisant pièce à pièce la législation et l'instrument qui avaient fait sa grandeur.

Cependant l'effet de toutes les mesures acerbes et restrictives qui ont été prises commence à se faire sentir et l'on peut prévoir le moment où le mal que ces mesures ont amené sera à l'apogée, et le jour où la raison reprendra le dessus. Mais si, au train dont vont les choses, on peut prévoir le moment où finira cette réaction, on ne pouvait pas facilement lui assigner un terme en 1856.

Au contraire, on était encore au début de la réaction lorsqu'à l'ouverture de la session législative de 1857, on annonça, pour répondre aux tendances qui se manifestaient principalement parmi les députés, la présentation d'un projet de loi qui frapperait d'un impôt les valeurs mobilières.

Le droit d'entrée à la Bourse de Paris avait été inauguré le 1er janvier de cette même année 1857.

A la manière dont les choses marchaient, il devenait évident qu'on allait bientôt considérer la prospérité de 1852 à 1856 comme une débauche financière à laquelle il fallait mettre un terme.

Lorsqu'un pouvoir fort et respecté indique nettement ses tendances ou ses préférences, il est bien rare que l'esprit public ne le suive pas. Et quand ces tendances ont leur source dans l'opinion elle-même, alors le courant se précipite avec une impétuosité sans bornes. On l'a bien vu depuis cette époque !

Déjà, peu de temps avant 1857, avait paru la pièce de M. Ponsard, intitulée *la Bourse*, hautement approuvée par l'Empereur ; mais cette pièce, qui fut la première tentative dans la voie réactionnaire où on allait entrer d'un pas si rapide, n'avait pas très-fortement accentué le tableau.

D'autres publications par la voie du théâtre et de la presse, allèrent beaucoup plus loin. On vit naître la *Question d'argent*, par M. Alexandre Dumas fils ; quelques mois après, les *Manieurs d'argent*, par M. Oscar de Vallée, avocat général à la cour impériale de Paris. A la même époque, Paris était inondé de biographies contre les financiers.

Ces pièces, ces livres, ces pamphlets, agitèrent les esprits pendant l'année 1857, si elles soulevaient quelque indignation les unes par leur injustice, les autres par leur caractère de diffamation, elles flattaient au fond les mauvaises passions de la foule ignorante, soulevée contre la richesse et contre le succès.

Ces publications étant les unes encouragées, les autres tolérées, devaient aboutir nécessairement à préciser les vagues instincts de l'opinion, à leur donner un corps, et à traduire enfin cette hostilité générale en questions de personnes.

Or, deux sociétés financières attiraient alors l'attention publique : le Crédit mobilier et la Caisse générale des chemins de fer. La première, protégée par la force anonyme et l'appui du gouvernement, l'autre constituée sous la forme en commandite et que je représentais, isolé complétement du monde financier.

Si l'on considère que dans les années précédentes on avait abusé de la forme commanditaire pour créer des affaires sans consistance et sans avenir ; que beaucoup de sociétés en commandite avaient amené la ruine de leurs actionnaires ; on comprendra quel était le péril de ma situation en face de l'opinion publique excitée, puisque j'étais le gérant des sociétés suivantes, qui toutes représentaient d'excellentes et sérieuses affaires, mais qui n'étaient pas toutes arrivées à leur développement ; ces sociétés étaient :

1e Les journaux le *Constitutionnel* et le *Pays*.

2o Les houillères de Portes et Sénéchas ;

3º L'éclairage au gaz de Marseille;

4º Les ports de Marseille.

On doit conclure de cet exposé que j'eus le triste privilége d'attirer plus particulièrement l'attention publique, et je devins ainsi le point de mire de ces écrivains mercenaires qui sont la honte de la presse.

Cependant le public ne connaissait pas très-exactement les dispositions du gouvernement à mon égard, les actes fâcheux que j'avais subis chaque année n'avaient pas eu une forme générale et n'étaient pas tous entrés dans le domaine de la publicité. Mais dans le mois de mai 1857 il survint un incident qui ne permit plus à personne de se tromper sur la situation qui m'était faite.

Le *Journal des chemins de fer* du 23 mai avait publié un article sur l'état du marché.

En lisant froidement cet article à quatre ans de distance, personne ne devinerait qu'il ait pu susciter la plus légère susceptibilité. Le gouvernement avait voulu modérer l'esprit de spéculation; c'était bien clair et ce n'était pas le calomnier que d'exprimer une pensée qui était la sienne. Cependant je reçus comme directeur, un avertissement d'une violence inusitée en pareil cas.

Il est facile de concevoir l'effet douloureux que dut produire sur moi un avertissement si dur ; j'y vis surtout une marque publique de malveillance au plus fort de la réaction financière, alors que mon crédit avait tant besoin de ménagement, car les affaires des ports de Marseille, des gaz et hauts fourneaux, les chemins romains, l'emprunt espagnol avaient toutes été conclues en 1856, et les engagements contractés soit envers la ville de Marseille, soit envers le gouvernement espagnol, soit pour les travaux divers, ne s'élevaient pas à moins de 300 millions.

Ne suffit-il pas d'énoncer une telle situation pour faire entrevoir les horribles préoccupations qui m'assiégeaient le jour et la nuit, lorsqu'avec de tels besoins je me trouvais en face d'une opinion publique hostile, d'un marché restreint et qui chaque jour s'affaiblissait davantage, d'attaques violentes et outrageantes par une presse vénale contre laquelle je ne pouvais trouver ni dans la magistrature ni dans l'administration une protection efficace, d'un avertissement public qui me mettait en état de lutte apparente avec le gouvernement?

Hélas! je n'ignorais pas que lorsque l'opinion publique est excitée, il faut qu'elle s'en prenne à quelqu'un, et qu'elle choisit le plus souvent pour victime l'homme courageux qui défend hautement ce qu'il croit être la vérité.

C'est ce rôle ingrat et difficile que j'osai entreprendre dans des circonstances si peu encourageantes; je voulus réhabiliter, comme si elle en avait besoin, l'éclatante prospérité de la période comprise entre 1852

à 1856 ; je voulus combattre de tristes erreurs écono-
miques et financières, et démontrer l'heureuse influence
de l'industrie et de l'esprit d'entreprise sur le développement du bien-être dans toutes les classes. Il y avait,
quoi qu'on en puisse dire, du courage et du dévouement, à entreprendre cette lutte au milieu des graves
préoccupations qui m'assiégeaient. A la pièce de M. A.
Dumas fils, je fis une réponse signée de mon nom, pour
démontrer combien était dangereuse pour l'intérêt public, la guerre faite au capital, qui, dans son acception
la plus générale, est la matière première du travail humain.

Ce n'était pas sans éprouver de vives résistances
autour de moi que je publiai cette réponse et celle qui
suivit à M. Oscar de Vallée ; on me disait qu'il était
bien dangereux pour moi d'adresser à M. A. Dumas fils
une réponse qui allait exciter les haines littéraires, et
bien plus grave encore de répondre à un magistrat. Je
ne m'arrêtai à aucune de ces considérations, j'étais
convaincu de la vérité de la cause que je défendais, et
je fis insérer, dans le *Constitutionnel*, deux articles
contre les *Manieurs d'argent ;* je repoussai les ana-
logies que M. Oscar de Vallée prétendait établir entre
les erreurs financières de Law, dont le système reposait sur des opérations stériles, et les tendances si posi-
tives de notre époque dont toutes les grandes opérations reposent sur des bases fécondes, c'est-à-dire sur
des créations de richesses nouvelles.

Ces publications, je puis l'affirmer, agirent favorablement sur l'esprit des gens sincères et éclairés, et je ne doute pas qu'en continuant cette polémique la vérité n'eût fini par se faire jour.

Mais, contre les dispostions générales qui me livraient sans défense à la haine de mes adversaires, que pouvais-je faire?

Je n'avais qu'un parti à prendre : me retirer des affaires. Je m'y résolus le jour même où l'on me fit signifier l'avertissement en question.

Je pouvais à cette époque quitter les affaires sans grand dommage pour les intérêts que je représentais ; car moyennant un sacrifice peu considérable, je me serais dégagé de l'emprunt de 800 millions de réaux ; j'avais réalisé en partie le capital nécessaire pour continuer les travaux auxquels je devais suffire, soit à Marseille, soit dans le département du Gard ; enfin, quant aux chemins romains, les avantages de la concession étaient assez grands pour qu'il fût possible de les transférer à d'autres à des conditions peu onéreuses.

Je convoquai les actionnaires de la Caisse générale des Chemins de fer, dès le 10 juin, pour recevoir ma démission de directeur-gérant et comme, aux termes des statuts, la convocation devait être faite trois mois avant l'assemblée, celle-ci ne put se réunir que le 10 septembre.

Le rapport que je présentai à cette assemblée pour justifier ma retraite, était naturellement une réfutation énergique des idées dominantes et des mesures restrictives qui avaient consacré ces idées.

Malheureusement, l'assemblée, par un vote unanime appuyé sur les instances les plus pressantes et les plus honorables pour moi, insista pour que je restasse à la tête de la Caisse générale des chemins de fer. Je m'y résignai à contre-cœur, car je sentais que l'époque favorable aux affaires était passée pour la génération actuelle, car leur point d'appui, le marché des capitaux, était atteint dans son essence, qui est la liberté des transactions.

Mon rapport fut publié selon l'usage. S'il eut un grand succès dans le monde des affaires, il n'en fut pas de même dans les régions officielles.

Je fus informé de la désapprobation dont il était l'objet et des dispositions qui en résultaient.

L'Empereur était alors au camp de Châlons. Je fis savoir à qui de droit que si l'on persistait dans l'intention de m'attaquer, des membres du conseil de surveillance qui avaient l'honneur d'être connus personnellement de l'Empereur se rendraient au camp de Châlons pour instruire Sa Majesté.

Cette démarche produisit un effet complet. Les instructions dont j'avais à me plaindre ne furent pas renouvelées et les attaques dont j'étais menacé, n'eurent pas lieu.

Cet incident, en dessinant plus clairement ma situation, me démontrait que les dispositions hostiles dont j'avais à me plaindre, n'avaient pas un caractère général.

J'étais sous cette impression lorsqu'à la suite de l'assemblée du 10 septembre je partis pour l'Italie.

Pendant ce voyage, il se présenta deux circonstances dans lesquelles mon concours fut réclamé : il s'agissait de travaux d'utilité publique intéressant le gouvernement ; les uns concernaient les fortifications de Civita-Vecchia que le général comte de Goyon voulait relever, les autres étaient relatifs aux beaux travaux en cours d'exécution à Marseille pour le port Napoléon. J'avais saisi avec empressement ces occasions d'être utile ; on va voir comment j'en fus récompensé.

1858

Travaux à Civita-Vecchia et à Marseille.
Vieille ville de Marseille.

(DÉCRET DU 22 MAI 1858.)

L'année 1858 fut féconde en incidents fâcheux. Le mal qui m'a été fait pendant cette période, le préjudice porté aux intérêts que je représentais a été irréparable ; c'est là l'origine des embarras et des chagrins dans lesquels j'ai vécu depuis lors. Ce qu'il y avait de douloureux pour moi c'est que cette lutte dont j'étais victime se produisait dans des circonstances qui eussent mérité des encouragements sinon des récompenses.

Pendant le séjour que je fis à Rome, vers la fin de l'année 1857, M. le général comte de Goyon, aide de camp de Sa Majesté et commandant en chef l'armée d'occupation, m'entretint des fortifications qu'il avait le projet d'élever à Civita-Vecchia. Le général n'était arrêté dans ses projets que par l'absence de fonds, la ville de Civita-Vecchia n'étant pas en état de les fournir. Le général me demanda si je ne serais pas disposé à faciliter à cette ville un emprunt pour subvenir à ces travaux dont les plans étaient déjà préparés.

Il s'agissait du service de l'Empereur, je consentis immédiatement à faciliter l'emprunt de Civita-Vecchia et je laissai à Rome les pouvoirs nécessaires à cet égard.

Rentrant en France quelques mois après dans les premiers jours de 1858, je m'arrêtai à Marseille où j'eus la douleur de constater un grand ralentissement dans les travaux ; et, ce qui était plus grave, j'appris que les travaux du port Napoléon étaient même menacés de suspension totale faute de fonds.

Les administrations départementales et municipales avaient demandé des ressources à S. Exc. le ministre des travaux publics ; cette demande n'avait pu être accueillie, aucun crédit n'ayant été porté au budget pour cette destination. Le ministre, dans l'impossibilité de fournir des fonds, avait conseillé à la municipalité de Marseille de contracter un emprunt en donnant une garantie sur les terrains vendus.

Mais un emprunt par une municipalité qui n'y était pas autorisée et pour une opération qui n'avait aucun caractère municipal, puisque la ville n'y participait qu'à titre de mandataire de l'État, un emprunt dans de telles conditions présentait des difficultés administratives qui le rendaient peu réalisable.

D'ailleurs, et ce n'était pas une petite difficulté, la somme à réaliser pour satisfaire aux travaux des années 1858 et 1859 n'était pas moindre de 7 à 8 millions.

J'étais déjà en avance avec la municipalité, de plusieurs millions qui avaient été affectés à ces mêmes travaux. Vivement contrarié de les voir suspendus, je consentis à fournir la somme nécessaire, non-seulement pour les reprendre, mais encore pour leur imprimer une plus grande activité.

Ce concours de ma part était bien plus dans l'intérêt public que dans mon intérêt, absolument comme j'avais fait à Rome lorsque j'avais consenti à faciliter l'emprunt de Civita-Vecchia.

Après avoir pris ces engagements, je revins à Paris dans les premiers jours de 1858. Malgré l'expérience du passé, j'étais loin de supposer que ces efforts, tout de dévouement, seraient pour moi la cause et l'origine des désagréments les plus graves.

Travaux de Civita-Vecchia.

Il m'avait semblé que les convenances exigeaient que j'instruisisse le ministre de la guerre des projets formés pour Civita-Vecchia. S. Exc. le maréchal Vaillant, alors ministre de la guerre, avait eu sous ses ordres, aux Tuileries, M. Amédée Renée, à qui était confiée la direction du *Constitutionnel*. Comme ce dernier voyait souvent le maréchal, je le chargeai de demander à Son Excellence le jour où je pourrais l'entretenir des travaux de fortification à entreprendre à Civita-Vecchia.

Voici la réponse de M. le maréchal Vaillant, telle du moins qu'elle me fut rapportée par M. Amédée Renée : « Le maréchal vous fait dire que vous feriez mieux de » remplir vos engagements envers la ville de Mar- » seille, que de vous occuper de fournir des fonds à la » ville de Civita-Vecchia pour ses fortifications. »

On comprend facilement la surprise que je dus éprouver en entendant cette réponse. Je me hâtai de demander aux autorités de Marseille un certificat des sommes que j'avais versées à la caisse municipale et la constatation officielle que déjà, à cette date, j'étais en avance de plusieurs millions. En même temps, je retirai de Rome les pouvoirs que j'avais donnés pour contracter l'emprunt projeté par la ville de Civita-Vecchia.

Dès que les pièces demandées à Marseille me parvinrent, je les adressai à S. Exc. le ministre de la guerre, accompagnées d'une lettre dont il est inutile de rappeler les termes, car S. Exc. le maréchal voulut bien y répondre en exprimant le regret que les paroles qu'on m'avait rapportées eussent été mal comprises et mal rendues.

Ces regrets si honorables n'effacent point le fait lui-même. Et si, contre mon intérêt peut-être j'en réveille le souvenir, c'est pour suivre, à travers le passé, ce sentiment injuste dont je suis aujourd'hui la victime.

Travaux de Marseille.

Malgré ces nouveaux symptômes de malveillance, qui s'attachaient à mon crédit et à ma considération, je négociai le traité avec la ville de Marseille, relativement aux nouvelles avances que j'avais promis de faire.

J'étais autorisé à émettre 10 millions de francs en obligations, et je proposai à la ville de Marseille d'en verser le produit intégral dans la caisse municipale.

Cette proposition ayant été acceptée par les autorités locales, un contrat fut en conséquence dressé entre le conseil municipal et moi. Cet acte, approuvé par M. le préfet des Bouches-du-Rhône fut soumis à l'examen de S. Exc. le ministre des travaux publics, qui, sans critiquer aucune des conditions financières, n'y fut pas favorable. Mais, comme à côté de ce blâme inexpliqué, il n'offrait pas les fonds nécessaires pour la continuation des travaux, le traité s'exécuta.

Je répète, et ceci mérite d'être rappelé, que c'est grâce à ce concours et à l'exécution de ce traité que les travaux ont pu être continués et poussés avec une très-grande activité en 1858, 1859 et une partie de 1860, époque où M. Rouher a pu faire figurer au budget, *pour la première fois*, une allocation pour les travaux de Marseille.

Une entreprise d'une importance considérable et d'une utilité incontestable que je proposais d'exécuter à Marseille même, devint alors le champ où se continua l'hostilité qui, depuis tant d'années, me poursuit sans trêve et sans fin !

Vieille ville de Marseille.

La vieille ville de Marseille est située sur une éminence dont l'élévation, sur certains points, n'est pas moindre de quarante mètres. De cet amas de trois mille maisons, la plupart en ruine et faisant honte à la civilisation, s'exhalent les émanations les plus dangereuses pour la santé publique. Dans ce foyer d'infection où naquit la peste de 1720, se presse une population agglomérée de 50,000 âmes.

La ville de Marseille, proprement dite, et l'ancien port, placés au pied de la vieille ville, sont séparés des nouveaux quartiers et des nouveaux ports par la vieille ville dont les rues sales et si étroites ne sont accessibles qu'aux piétons qui osent en affronter l'escalade.

Il me semblait que la première ville de France après Paris, le premier port marchand de l'Empire ne pouvait tolérer davantage un tel état de 'choses, qui exigeait une amélioration très-prochaine. Pour que le port et la ville de Marseille puissent lutter avec les autrés grands ports de la Méditerranée et de l'Adriatique, pour disputer le commerce du monde, qui tend à se déplacer aux dépens de l'Océan, et par conséquent de la Tamise, il faut nécessairement que les éléments de vie et d'activité commerciales que la France possède, cessent d'être séparés entre eux par un obstacle qui force la population à faire plusieurs kilomètres pour communiquer des quartiers principaux, c'est-à-dire de la ville même avec les nouveaux ports où s'établissent les grandes installations maritimes, comme les Docks, les Messageries, la Gare maritime, et bientôt la Douane.

La nécessité de porter remède à cette situation est si grande que, depuis quinze ans, elle a donné naissance à une foule de projets; mais tous ceux qui ont été rédigés ou présentés n'ont jamais offert des conditions satisfaisantes et pratiques.

Les uns proposaient une voie souterraine ; d'autres

l'ouverture d'une grande artère au milieu de la vieille ville, au moyen d'une tranchée qui laissait à droite et à gauche des hauteurs de quinze à vingt mètres, sur lesquelles restaient perchées et isolées la plupart des vieilles maisons.

Indépendamment de leurs imperfections, ces projets avaient en outre l'inconvénient d'entraîner à des dépenses énormes, sans aucune compensation.

A son récent voyage à Marseille, l'Empereur, dans l'audience qu'il daigna accorder aux représentants de de la Société des Ports de Marseille, exprima le regret qu'on ne lui présentât pas un projet étudié et définitif. Sa Majesté ne se doutait pas, dans ce moment, que si ces projets n'étaient pas rédigés, la faute n'en était pas aux autorités locales.

Mes projets à l'égard de la vieille ville de Marseille avaient pris naissance dès que j'avais acquis les terrains qui entourent les nouveaux ports et constituent la nouvelle ville. Dès ce moment, je m'étais préoccupé de cette question pour la résoudre.

J'avais d'abord constaté que la surface occupée par la vieille ville formait la superficie la plus précieuse de cette cité, parce que, placée sur le bord de la mer, elle relie l'ancien et les nouveaux ports, la ville proprement dite et les nouveanx quartiers, et devait devenir ainsi le centre de tout le mouvement maritime et commercial.

J'avais été également frappé de l'absence complète de surfaces horizontales à la portée des quais, qui eux-mêmes sont insuffisants, et j'apercevais dans le nivellement de la vieille ville ces surfaces indispensables au commerce.

Enfin, prévoyant le déplacement prochain du commerce du monde en faveur des mers du Levant, et épris de la grandeur future de Marseille, je jugeais qu'il serait nécessaire avant longtemps d'ajouter de nouveaux ports à ceux que l'on construisait, et les déblais provenant de la vieille ville devaient faciliter la création de ces ports.

C'est en faisant de ces idées générales le point de départ de mes études d'ensemble, que j'arrêtais les bases d'une opération résumée ainsi :

1º Détruire et niveler la vieille ville;

2º Procurer aux quais et aux ports des surfaces horizontales absolument nécessaires pour la manutention des marchandises ;

3º Permettre, à peu de frais, la création de nouveaux ports, en utilisant les déblais provenant de la vieille ville, et en même temps conquérir des terrains sur la mer ;

4º Réduire, autant que possible, par des compensations, des immunités, le chiffre de la subvention à obtenir pour cette vaste opération.

Tel était l'ensemble du projet que je me proposais

de réaliser et pour lequel je chargeais un expert en cette matière, d'estimer la valeur de toutes les maisons de la vieille ville, en négligeant les bordures donnant sur les quais, sur la Cannebière et sur le Cours, parce que ces parties attenant à la vieille ville sont nivelées. En même temps, je chargeais des ingénieurs d'évaluer l'importance et les frais de déblais à opérer. Ces études donnèrent le résultat suivant :

Frais d'expropriation, environ............ 80 millions.
Frais de déblais pour 6 millions de mètres cube, à 2 fr. le mètre.................... 12
Dépenses à valoir, et perte d'intérêt environ 20 p. 100............................. 18
Dépenses approximatives......... 110 millions.

Pour me charger de cette grande et difficile opération et couvrir la dépense probable, je jugeai qu'il était nécessaire de demander les avantages suivants :

1º L'abandon des terrains à conquérir sur la mer au moyen des six millions de mètres cubes de déblais provenant ne la vieille ville;

2º L'exemption de l'impôt foncier pendant trente ans.

3º L'exemption des droits d'enregistrement pendant vingt ans.

4º Une subvention espèces de 35 millions.

Voici maintenant l'évaluation en capitaux des divers avantages ci-dessus énumérés :

1º Les terrains à conquérir avec les six millions de mètres cube pouvaient fournir environ 600,000 mètres de terrains que j'estimais à 20 fr. le mètre. soit........ 12,000,000

2º L'exemption de l'impôt foncier pendant trente ans capitalisé ci.......................... 10,000,000

3º L'exemption du droit d'enregistrement pendant vingt ans, capitalisé ci................. 20,000,000

4º Une subvention ci...................... 35,000,000

Ensemble des subventions............... 77,000,000

Il restait donc à ma charge, pour 300,000 mètres de terrains formant la surface occupée par la vieille ville........................ 33,000,000

Somme égale à la dépense............... 110,000,000

J'avais été amené à cette combinaison par la pensée de reduire la subvention en argent, car s'il avait fallu demander une subvention de 80 millions jamais l'entreprise ne se serait accomplie. Par conséquent il était nécessaire de trouver des compensations dans des concessions et des immunités d'impôt, et, à ce point de vue, ce qui m'avait semblé le plus raisonnable, c'était l'abandon des terrains conquis et l'exemption d'impôts.

Pour les terrains conquis sur la mer, quel préjudice éprouvait l'État ? Évidemment aucun ; au contraire, il trouvait le double avantage d'abord de créer une surface considérable et ensuite de faciliter presque sans frais, la création de nouveaux ports, qui seront bientôt nécessaires au commerce marseillais :

Quant aux exemptions d'impôt,

L'impôt foncier était une charge pour la ville et nullement pour l'État.

Les droits d'enregistrement ne seraient une perte pour l'État que si l'opération était obligatoire ; or l'opération ne se faisant pas le trésor ne devait rien recevoir.

Cette proposition me semblait si conforme à l'intérêt public ; elle répondait si complétement à une grande question d'avenir et de prépondérance commerciale, que dans la prévision de sa réalisation, j'avais déjà acheté près de 50,000 mètres de terrains aux prix de 6 à 7 fr. le mètre, dans les quartiers d'Arenc et de la Belle-de-Mai, c'est à dire à proximité des nouveaux ports, pour y construire des maisons à petit loyer, afin de ne pas amener, comme à Paris, une cherté excessive par le déplacement, sans précaution, de la population qui occcupe la vieille ville.

Tel était le résultat des études que j'avais faites, lorsqu'au mois d'avril 1858, je négociai les 10 millions d'obligations de la Société des ports de Marseille, dont le montant fut versé dans les caisses municipales pour être affecté aux travaux des ports. Cette opération mettait de fortes sommes à la disposition des ingénieurs de l'État, et, par suite, faisait espérer que le port Napoléon pourrait être complétement achevé vers la fin de l'année 1860.

Dans cette prévision, je crus le moment venu de mettre à exécution les projets que j'avais préparés pour le nivellement de la vieille ville ; et j'adressais à la municipalité de Marseille dans le mois de mai 1858, la proposition d'opérer, en dix ans, la rénovation entière de la vieille ville sur les bases indiquées plus haut. En même temps que cette offre était faite aux autorités marseillaises, je formai une société spéciale pour l'exécution de ma proposition, dont je publiai le texte dans le *Journal des Chemins de fer.*

Les conditions que je proposais pouvaient soulever des objections plus ou moins graves. Je n'imaginais pas qu'elles dussent être acceptées d'emblée et sans résistance ; mais j'espérais qu'une discussion approfondie amènerait une solution conforme à l'intérêt public.

Cette discussion n'eut pas lieu.

Le jour même où les termes de ma proposition furent publiés, la résolution fut prise d'interdire toute publication relative à cette affaire ; et, pendant que j'étais à Marseille pour cet objet, une dépêche ministérielle, adressée au préfet des Bouches-du-Rhône, lui apprenait la désapprobation de ces projets que j'avais fait étudier à grands frais et qui étaient accueillis avec acclamations par la population marseillaise.

J'en appelle à M. Rouher lui-même : que devais-je éprouver en présence de tels procédés ? quel devait être mon sentiment en rapprochant dans ma pensée les actes de 1853 et 1854 ; la proposition faite en 1856 d'annuler le traité relatif aux terrains de Marseille ; le dédain avec lequel avait été accueillie ma demande en concession du réseau pyrénéen, ma proposition toute bénévole en faveur des fortifications de Civita-Vecchia ; l'avis, si enfin donné à l'occasion du prêt que j'avais fait à la ville de Marseille, et tout cela couronné par un dernier acte d'hostilité.

N'était-ce pas assez d'outrages ? qui donc aurait subi tant d'affronts sans en ressentir une grande irritation ? J'étais donc tout entier sous l'influence de ce sentiment lorsque la fatalité voulut que j'eusse précisément besoin en ce moment de voir M. Georges, alors président du tribunal de commerce. Dans l'entretien que j'eus avec ce magistrat, le nom de M. Rouher ayant été mêlé à la conversation, je ne sus pas me contenir, et je m'expliquai à l'égard de ce ministre avec une violence regrettable. M. Georges était le parent ou l'allié de M. Rouher, ce que j'ignorais et ce qu'il m'apprit. Au lieu de calmer les esprits et d'amener un rapprochement, M. Georges, sans intention fâcheuse, j'en suis sûr, rapporta ma conversation à M. Rouher, et aggrava ainsi une situation déjà si tendue.

Je n'ai jamais connu les motifs allégués par M. Rouher

pour obtenir du conseil des ministres la mesure prise au sujet de l'affaire de la vieille ville de Marseille ; mais des indications recueillies quelques mois après m'ont à peu près fait comprendre que l'opération avait dû être présentée comme une impossibilité ; voici, en effet, ce que j'ai appris :

Vers les derniers jours de la session législative de 1858, l'Empereur recevait les députés ; S. M. s'approcha de MM. Rigaud et Canaple, députés des Bouches-du-Rhône, et leur parlant des travaux de Marseille, leur demanda ce qu'ils pensaient des travaux que j'avais entrepris. Ces honorables députés ayant parlé de moi en termes très-bienveillants ; l'Empereur aurait ajouté que j'avais des projets un peu excentriques, que je voulais démolir la ville. « Ah ! Sire, répondit l'un » des députés, ce n'est pas la ville que vous avez » daigné visiter dont il s'agit dans les projets de » M. Mirès, c'est l'ancienne cité, qui est une agglomé- » ration malsaine et qui empêche les communications » entre la ville et les nouveaux ports ! »

Quelques mois plus tard, l'honorable général de Courtigis, qui commandait à Marseille, étant allé à Fontainebleau rendre visite à l'Empereur, Sa Majesté Impériale lui demanda ce qu'il pensait de la vieille ville de Marseille, et du projet que j'avais formé de la démolir. « Je pense, répondit le général, que cela est » si utile, que s'il y avait une émeute, j'en profiterais

» pour détruire la vieille ville à coup de canon, tant il
» est déplorable de voir un cloaque pareil au centre
» du premier port de l'Empire. »

Ces récits que je tiens de source directe, sont des
preuves bien évidentes que la décision rendue par le
conseil des ministres contre le projet que je proposais d'exécuter, a été le résultat d'une méprise.

Si à l'époque où l'on instruisit M. Rouher de
la conversation où j'avais montré, je l'avoue, une
si blâmable vivacité, si, dis-je, il y avait eu alors
auprès du ministre, un homme impartial qui, sa-
chant tout ce que j'avais souffert, lui en eût retracé
le tableau fidèle, sans aucun doute il se serait produit
une réaction dans l'esprit supérieur de M. Rouher; il
n'eût pas été moins blessé, mais peut-être son irritation
eût-elle été moins grande en reconnaissant que les injustices de mon langage, fruits de la colère, prenaient
leur source dans le mal qu'on m'avait fait.

Malheureusement, il ne se trouva personne pour
faire entendre la voix de la modération; bien au
contraire, des excitations réitérées provoquèrent une
délibération où fut agitée la question de diriger contre
moi des poursuites. Après examen, il fut reconnu
que les propos n'avaient pas été tenus dans un lieu
public, et ne constituaient pas un délit que l'on pût
poursuivre.

J'ai tenu à faire connaître ces déplorables incidents,

parce qu'ils expliquent le caractère de la lutte dans laquelle j'ai succombé, et il est très-vrai que le plus grand mal qu'on m'ait fait, c'est de m'avoir entraîné, par le sentiment des injustices dont je me croyais victime, à me compromettre moi-même par la manifestation d'une colère excusable dans son principe, mais irréfléchie dans ses éclats.

Je reprends l'exposé de mes mécomptes, qui ne touchaient pas encore à leur terme.

Le 22 mai 1858, le Conseil d'Etat vota d'urgence un décret, sur les valeurs étrangères, qui atteignit directement et de la manière la plus dure, les intérêts que je représentais.

Pour comprendre les conséquences de ce décret à l'égard de la Caisse général des chemins de fer, il faut se rappeler que comme directeur gérant de cet établissement financier, j'avais souscrit le capital de 175 millions de la société des chemins de fer romains.

J'avais contracté cet engagement sous l'empire d'une législation qui laissait toute liberté aux entreprises étrangères, et qui permettait une combinaison financière dont l'économie consistait en une émission d'obligations avant la libération définitive des actions.

Or, aux termes du décret du 22 mai 1858, toute émission d'obligations était interdite d'une manière absolue tant que le capital action n'était pas entièrement libéré. C'était le renversement de la combinaison qui avait servi de base à la constitution de la société des chemins romains.

Les actions des chemins romains n'étaient alors libérées que de fr. 150 ; il était évidemment impossible de faire verser l'excédant pour des chemins en cours d'exécution ; le crédit de la Caisse générale des chemins de fer se trouvait donc gravement atteint, puisque, par l'effet rétroactif du décret, elle ne pouvait se procurer par une émission d'obligations les sommes dont elle avait besoin pour faire face à ses engagements.

Ce décret a été bien funeste aux intérêts que je représentais, malgré la bienveillance avec laquelle M. Rouher lui-même en a adouci l'exécution. Car la nécessité où s'est trouvée la Compagnie des chemins de fer romains de modifier la forme de son capital, est devenue, pour des entrepreneurs de mauvaise foi et pour des sociétés rivales, le prétexte de procès qui ont sensiblement altéré le crédit de ces deux sociétés.

Depuis cette époque je n'ai plus eu de repos; les conséquences du décret du 22 mai 1858 m'atteignaient au milieu des embarras causés par la réaction financière qui se développait alors, et des difficultés résultant des mesures restrictives qui avaient détruit le marché des fonds publics.

1858

Une intervention.

La date du décret du 22 mai 1858, indique l'époque précise ou finirent les difficultés que j'éprouvais au ministère des travaux publics, pour la transformation en sociétés anonymes, des sociétés des mines de Portes, du gaz de Marseille, des Ports de Marseille. Les entraves que cette transformation rencontrait avaient pour effet, de faire peser sur moi la responsabilité de ces trois gérances, et cette responsabilité contribuait à accroître les difficultés de ma situation.

Ce fut sous l'influence de ces pénibles débats que tout s'aplanit, grâce à une auguste intervention. Depuis cette époque jusqu'à l'emprunt ottoman, je n'eus plus qu'à me louer des procédés que je rencontrai au ministère des travaux publics et auprès de M. Rouher lui-même. Je puis même ajouter qu'un sentiment, dont je suis touché, a été exprimé par M. Rouher, le 16 février, la veille de mon arrestation; ce jour-là, M. Rouher disait à l'un de ses amis, M. de F., le regret qu'il éprouvait de la physionomie que prenait cette poursuite judiciaire, et il ajoutait, à cette occasion :

« J'ai eu à me plaindre, dans un temps, de M. Mirès; mais, depuis environ deux ans, je n'avais plus aucun sujet de lui en vouloir. »

Je puis dire que depuis cette époque, j'avais chaque jour regretté davantage les tristes circonstances qui avaient altéré mon jugement, et m'avaient fait méconnaître le caractère de M. Rouher.

1859

Chemin de Pampelune à Saragosse.

J'acquis, en 1859, le chemin de Pampelune à Saragosse, dont M. J. de Salamanca avait obtenu la concession en 1857, et dont les travaux, poursuivis avec
la plus grande activité, seront achevés dans le premier
semestre de 1861.

Ce chemin, qui est la tête de la ligne de France à
Madrid, forme aussi une section du chemin de jonction
de l'Océan à la Méditerranée, par Bilbao et Barcelone.

Les dépenses d'établissement sont estimées à
200,000 francs par kilomètres, chiffre inférieur aux
prix de revient de tous les autres chemins espagnols,
beaucoup moins favorisés par leur situation, et
par les contrées qu'ils parcourent. Malheureusement,

les événements survenus dans le mois de décembre 1860, à la suite de la dénonciation de M. Pontalba, avant l'achèvement et la mise en exploitation de la ligne, ont contribué à affaiblir les avantages que cette brillante affaire assurait aux actionnaires de la Caisse générale des chemins de fer.

1860

Emprunt ottoman.

Dans le premier semestre de 1860, quelques maisons de Paris, appuyées par le Crédit mobilier, firent un traité avec le représentant du gouvernement ottoman, pour un emprunt que ce gouvernement voulait contracter.

Cet emprunt avait pour garantie des revenus de douane offrant une sécurité absolue, et dont le montant dépassait les annuités nécessaires pour assurer le service des intérêts et l'amortissement de l'emprunt.

La combinaison financière pour l'émission de cet emprunt, reposait sur un tirage de lots, indépendamment d'un intérêt fixe.

Comme la société du Crédit mobilier ne peut faire d'emprunt étranger sans une autorisation préalable, le gouvernement français fut consulté : tout en se montrant favorable en principe à l'emprunt, il repoussa cependant la combinaison aléatoire qui en était la base.

Le Crédit mobilier n'ayant pas voulu modifier la combinaison financière l'affaire n'eût aucune suite.

Des propositions me furent faites alors par M. G. Court, représentant spécial du gouvernement ottoman.

Avant de conclure une opération de cette importance, une étude était nécessaire aux points de vue politique et financier.

Sous le premier rapport, il me parut qu'il était conforme à la politique de la France de lier plus intimement ses intérêts avec l'empire d'Orient ; de 1853 à 1856 la France avait dépensé un milliard et demi et sacrifié cent mille hommes pour assurer l'intégrité du territoire de son allié séculaire, le sultan. De plus, la France et l'Angleterre avaient garanti un emprunt de 200 millions, fait vers cette même époque par le gouvernement ottoman. La France devait donc favoriser tout ce qui pouvait consolider un État en faveur duquel elle avait consenti de si grands sacrifices.

Enfin, je savais que toutes les puissances étaient d'accord pour modifier les traités de commerce passés avec la Turquie, de manière à améliorer sensiblement sa situation financière dans l'intérêt même du commerce français et anglais.

Au point de vue purement financier, les justifications qui me furent produites me frappèrent de surprise, lorsque je reconnus que ce vaste empire de

40 millions d'âmes n'avait pour ainsi dire pas de dettes, car la totalité de ses dettes, consolidées ou flottantes, ne s'élevaient guère en capital au delà de 800 millions. Or, en admettant un intérét de 6 0/0, le service annuel de toutes les dettes de la Turquie représentait une somme d'environ 50 millions, soit à peu près le sixième du revenu net de l'empire ottoman, revenu qui, avec des traités de commerce onéreux, un système de droit de douane absurde, est encore de 300 millions et qui doit atteindre facilement 400 millions par suite de la modification des tarifs de douane.

Une pareille situation financière pour un État si vaste, pour des contrées aussi fertiles, était si favorable, et les considérations politiques justifiaient si complétement le concours qui était demandé, que je fus entraîné à faire cet emprunt, et je conclus le 29 octobre 1860 un traité avec le gouvernement ottoman, représenté par M. G. Court.

Ce traité, soumis à la ratification de la Sublime-Porte, fut approuvé dans le mois de novembre suivant.

Dès que cette approbation me fut connue, je me hâtai de donner connaissance de cette opération à S. Exc. le ministre des affaires étrangères en lui offrant communication du contrat. Dans cette entrevue, j'instruisis le ministre de la création d'une commission internationale à Constantinople, à Paris et à Londres, chargée de représenter les contractants ou cessionnaires de l'emprunt. Son Excellence, en montrant sa satisfaction de la conclusion de cette affaire, me déclara cependant que le gouvernement de l'Empereur voulait s'abstenir de toute intervention. Il ajouta néanmoins que le succès de cet emprunt serait une cause d'influence à Constantinople pour la politique française, et en même temps un gage de paix pour l'Europe en éloignant les complications politiques qu'une crise financière en Orient pourrait faire naître. Quant à la question financière et aux objections qu'elle pouvait soulever, le ministre m'engagea à voir S. Exc. le ministre des finances.

Dans la visite que j'eus l'honneur de rendre à cette occasion à Son Excellence M. Magne, alors ministre des finances, j'exposai l'opération financière, que je résumais à peu près ainsi :

L'emprunt était de 400 millions de francs, valeur nominale, en 6 p. 100, que j'avais pris au cours de 53 3/4, ce qui portait le chiffre apparent de l'emprunt à la somme de . 215,000,000
Mais ce chiffre ne représentait pas la somme à payer, parce qu'il y avait à déduire les objets suivants :
1° Aux termes du contrat, les versements étaient échelonnés mensuellement sur dix-huit mois, et je devais retenir sur les versements deux années d'intérêt et d'amortissement, soit environ. , ... 55,000,000
2° Une commission de 1 1/2 p.   61,000,000
100 de la valeur nominale. . . 6,000,000
      Restait à payer à la Porte . . 154,000,000

Report. 154,000,000

Si maintenant on considère que le papier de circulation émis par les banquiers de Constantinople pour les besoins du gouvernement ottoman, et qui forme pour ainsi dire une partie de sa dette flottante, s'élève à plus de 80 millions ;

Si on considère encore que ce papier est en totalité dans les portefeuilles des Banques de France et d'Angleterre, des établissements financiers, ou enfin des maisons françaises et anglaises qui font le commerce avec l'Orient, on trouve encore là une somme qui ne sortait pas de France, et cette somme doit dépasser 80 millions ; je ne la fixais dans mon calcul qu'à ce chiffre de. . 80,000,000

Il n'y avait donc à payer à Constantinople, dans un laps de dix-huit mois, qu'une somme de. 74,000,000 qui eût été fournie par les différentes places de l'Europe ; par conséquent, cette opération ne pouvait être lourde pour le marché français.

Son Excellence le ministre des finances parut satisfait de ces explications, au point de vue de l'exportation possible du numéraire, exportation, du reste, qui était peu probable, par suite des expéditions de marchandises que la France et l'Angleterre effectuent dans le Levant. Quoi qu'il en soit, je ne remarquai dans cet entretien rien qui pût me faire soupçonner que le gouvernement de l'Empereur fût hostile à l'emprunt.

Quant aux précautions prises pour donner aux porteurs de titres une sécurité absolue et assurer le service régulier des intérêts et l'amortissement, elles étaient pour ainsi dire exagérées, car, non-seulement, aux termes du contrat, il était accordé comme garantie spéciale, en dehors des revenus généraux de l'Empire, des revenus de douanes qui sont tous affermés ; en outre, le traité donne le droit aux contractants ou leurs cessionnaires de toucher directement le montant des fermages. Comme sanction de ce droit, il fut rendu, sur ma demande, un décret autorisant la création d'une commission spéciale chargée de représenter à Constantinople, à Paris et à Londres, les intérêts et les droits des porteurs de titres de l'emprunt, et notamment de surveiller la rentrée des revenus donnés en garantie.

Enfin, pour faciliter et accélérer le développement du crédit de l'empire d'Orient j'avais préparé d'abord le retrait du papier-monnaie et de plus la constitution d'une société financière destinée à faciliter l'exécution de tous les grands travaux et notamment les chemins de fer.

Pour le retrait du papier-monnaie j'avais fait un traité avec la banque de Turquie qui était chargée de cette opération,

Pour la constitution de la société financière, j'avais affecté sur les bénéfices de l'opération 60,000 obligations qui, au pair de 500 francs rapportant 6 pour 0/0, représentaient un capital de 30 millions de francs avec un revenu annuel de 1,800,000 francs. Comme cette société ne devait fonctionner que pour des entreprises concédées en Orient, elle n'avait besoin que d'un capital de garantie, et les valeurs d'État étaient à cet égard suffisantes. Quant au placement des titres de cette société, je n'avais pas à m'en préoccuper, car je comptais les distribuer aux actionnaires de la Caisse générale des chemins de fer, qui auraient reçu à valoir sur le bénéfice de l'opération 300 francs par action, rapportant 18 francs d'intérêt.

Le retrait du papier monnaie, la constitution de cette société financière ne faisaient pas partie de mes engagements, mais je cherchais à élever le niveau du crédit ottoman afin d'élever la valeur des titres de l'emprunt et procurer de la sorte de plus grands avantages aux souscripteurs.

Ainsi, sous tous les rapports, j'étais en règle : communication officielle faite au gouvernement français ; avantages et sécurité assurés aux porteurs de titres, précautions prises pour développer le crédit ottoman. Je n'avais donc plus qu'à m'occuper du placement de l'emprunt, mais préalablement je devais présenter un exposé qui résumât la situation politique et financière de la Turquie.

C'est ce que je fis ; dès que ce document parut, il produisit sur l'esprit public l'effet que j'avais ressenti lorsque je me livrais à l'étude de la situation financière de l'empire d'Orient ; aussi de toutes parts les offres de souscriptions affluèrent.

De sorte que lorsque la souscription annoncée dans les journaux du lundi soir, 10 décembre, s'ouvrit le lendemain, mardi, on pouvait juger déjà par l'empressement du public, par les souscriptions réalisées le premier jour, comme par la disposition des esprits, que la souscription dépasserait trois ou quatre fois le nombre des 250,000 obligations offertes au public.

Or, le placement de ces 250,000 obligations, des 25,000 réservées aux actionnaires de la caisse générale des chemins de fer, et enfin les 180,000 obligations souscrites pour le compte des banquiers de Constantinople et dont la réalisation était subordonnée au placement de la première série des 250,000 obligations, élevaient ainsi l'importance du capital réalisé à 140 millions de francs.

Si l'on considère comme je l'ai établi plus haut, que par suite des retenues de l'intérêt et de la commission, la somme à payer à la Porte n'était que de 154 millions dont le payement était échelonné sur dix-huit mois, on doit conclure comme je l'ai fait que l'emprunt était réalisé.

C'était bien en effet ma conviction, et elle était si complète que profitant de la réunion des actionnaires de la Caisse générale des chemins de fer qui était prochaine, je publiai le 15 décembre l'avis suivant :

« Le Conseil de gérance de la Caissse générale des
» chemins de fer rappelle aux actionnaires qu'aux ter-

» mes des statuts, ils doivent, pour assister à l'assemblée,
» déposer leurs titres un mois avant la réunion; or,
» l'assemblée étant fixée au 28 janvier prochain, le
» dernier jour, pour opérer le dépôt et se faire inscrire,
» expire le 28 courant.

» Il est d'autant plus essentiel que les actionnaires
» se rendent exactement à l'assemblée générale que,
» par suite de l'emprunt ottoman, il leur sera soumis
» des propositions très-importantes, ayant pour but
» d'élever considérablement le chiffre de la répartition
» en maintenant l'actif social à un chiffre plus élevé
» que ne l'avaient prévu les résolutions prises dans
» l'assemblée du 31 janvier 1860.

» Le Conseil de gérance pourra même, éventuelle-
» ment, soumettre aux délibérations de l'assemblée des
» propositions qui fixeraient le chiffre du rembourse-
» ment à 50 millions, sans porter atteinte à l'existence
» de la Caisse générale des chemins de fer et en main-
» tenant aux actionnaires tous leurs droits dans le sur-
» plus de l'actif social. »

Les résultats que cette publication faisait pressentir étaient-ils l'œuvre de mon imagination? étais-je le jouet d'une illusion lorsque j'annonçai une première distribution de 50 millions aux actionnaires de la Caisse générale des chemins de fer ?

Pour apprécier sainement la situation de mon esprit, quand je fis cette publication, il faut connaître les ré-

‹ sultats que présentait l'emprunt ottoman pour la Caisse générale des chemins de fer.

Ainsi que je l'ai indiqué, le prix apparent de l'emprunt ottoman était de 53 3/4 p. 100 en 6 p. 100. Mais comme, d'après le contrat, le gouvernement ottoman tenait compte aux contractants de l'intérêt intégral, quoique les versements fussent échelonnés mensuellement sur une période de dix-huit mois, il y avait là un bénéfice de neuf mois d'intérêts, soit 18 millions de francs, ce qui réduisait de 4 1/2 p. 100 le prix de l'emprunt. Si on ajoute à ce bénéfice le montant de la commission, qui était pour la part revenant aux contractants de 3/4 p. 100, on trouve une bonification totale de 5 1/4 p. 100 qu'il faut diminuer du prix de l'emprunt, fixé à 53 3/4, ce qui le réduit au taux net de 48 1/2 p. 100, et par conséquent porte le prix de l'obligation à.   242   50

Or, l'émission des obligations ayant lieu à.   312   50

Le bénéfice des obligations s'élevait à. . . . . fr.   70   »

Soit 23 p. 100 sur l'ensemble de l'opération.

La proportion de 23 pour 0/0 appliquée à 800,000 obligations formant le total de l'emprunt, donnait un bénéfice sur l'opération de 184,000 obligations de 500 fr. rapportant 30 francs chacune, soit un béné-

fice, valeur nominale rapportant 6 p. 0/0,
de francs...................... 92,000,000.

En admettant que les frais et droits
divers s'élevassent à............ 12,000,000

Il y avait donc un bénéfice net de   80,000,000
dont 50 pour 0/0 pour les actionnaires de la Caisse
générale des chemins de fer; soit 40 millions ou 400
francs par action rapportant 24 francs d'intérêt par an
et remboursable en 36 ans.

Si l'on considère que déjà l'assemblée générale du
31 janvier 1860 avait autorisé la répartition d'une
partie du portefeuille, il en résultait que les actionnaires allaient recevoir 500 francs par action en bonnes
valeurs, avec un revenu assuré, et qu'il resterait un capital disponible qui représentait un chiffre encore très-
élevé.

J'allais donc pouvoir rembourser d'abord l'intégralité du capital. C'est avec cette perspective et sous
cette influence, que l'avis cité plus haut fut publié le
15 décembre 1860.

Je ne saurais dire la satisfaction profonde que j'éprouvais en le rédigeant. Il me semblait que la lourde
responsabilité qui pesait sur moi avait disparu comme
par enchantement. Il me semblait sentir une existence
nouvelle; je croyais avoir atteint le but que je poursuivais depuis si longtemps, une retraite honorable, e t
elle allait être brillante; mes espérances étaient dé

passées ! Je croyais avoir vaincu pour toujours les difficultés si nombreuses et si graves qui m'avaient entravés, menacés si longtemps ; j'étais désormais certain de faire une liquidation brillante pour les action-naires de la Caisse générale des chemins de fer, j'étais heureux de reconnaître par de tels resultats, la confiance dont ils m'ont donné tant de preuves !

Toutes ces espérances si légitimes et si fondées, se sont évanouies en un instant !...

Le samedi 15 décembre, le jour même où parut cet avis qui attestait la situation prospère de la Société, éclatait comme la foudre, l'instruction judiciaire provoquée par la dénonciation de M. de Pontalba, le fondateur de la Caisse générale des chemins de fer, le mandataire des actionnaires, en un mot le membre le plus actif du Conseil de surveillance !

Le samedi 15 décembre, une descente judiciaire avait lieu dans les bureaux de la Caisse générale des chemins de fer, les scellés étaient apposés sur mes livres ; et malgré l'extrême modération avec laquelle cette grave mesure fut exécutée, l'effet n'en fut pas moins terrible !...

De ce jour, le crédit a disparu, l'emprunt ottoman a été compromis, et les événements qui ont été la conséquence de cette grave poursuite, ont fait écrouler, en pleine prospérité, l'établissement financier que j'avais contribué à maintenir dans une situation favorable, malgré les obstacles, les entraves de toute nature accumulés sous mes pas!

Certainement, c'est une faute en affaires de se bercer d'espérances chimériques; mais lorsque des faits palpables se produisent, lorsque les actes qui s'y rattachent sont en rapport parfait avec tous les intérêts, peut-on être accusé de témérité de s'y abandonner? Ainsi pouvais-je prévoir qu'à l'occasion de cet emprunt si complétement en harmonie avec la politique séculaire de la France, je verrais se développer avec une nouvelle force le courant d'opinion aveugle qui condamne les affaires étrangères? Pouvais-je prévoir qu'on méconnaîtrait tous les vrais principes de la science politique et financière ?

Aujourd'hui que la guerre ne porte plus la conséquence qu'elle avait autrefois, c'est-à-dire la conquête et la confiscation, la cause de la grandeur ou de la décadence des peuples réside principalement dans la disposition du capital qui anime et vivifie tout, qui fait les alliances des gouvernements en créant les relations entre les peuples, quand les gouvernements ont l'intelligence de faire du capital un instrument de progrès et de civilisation. Ah ! si comme nos auteurs contemporains, on ne voit dans le capital que les satisfactions vulgaires qu'il traîne à sa suite, comme par exemple, le goût immodéré des jouissances matérielles auxquelles on sacrifie parfois les plus nobles instincts, certainement on le condamnera; parce qu'on n'aura considéré le capital qu'à un seul point de vue. Mais l'aveuglement est tel qu'après cette condamnation, les critiques sont en présence du néant, et ils ne s'en aperçoivent pas; ils ne voient pas qu'en poursuivant le capital, ils ont détruit l'instrument de travail sur lequel reposent les sociétés modernes et nos auteurs posent ensuite ce problème :

« Sur quelles bases repose notre société, qui n'a ni » aristocratie nobiliaire, ni aristocratie territoriale? » Et ils s'étonnent de ne pas le résoudre? Eh! sans doute, la société n'a point de base si l'on exclut son unique point d'appui, dans les temps modernes : le travail que le capital seul peut féconder.

De l'erreur générale, fruit de la réaction, qui dure depuis 1856, on a été naturellement conduit à blâmer les entreprises étrangères sous le prétexte qu'elles exportent le capital, comme si cette exportation du capital au lieu d'être un appauvrissement n'était pas au contraire une cause de richesse en faisant de l'étranger notre tributaire par le revenu qu'il paye en échange du capital prêté. Anciennement, les peuples les plus puissants imposaient un tribut aux peuples les plus faibles. Ce tribut était quelquefois le signe de la domination et il était souvent la principale richesse des États qui le recevaient.

Quelle est la différence entre le passé et le présent?

Dans le passé le tribut était imposé, dans le présent il est volontaire et lorsque par exemple les contrées si fertiles de l'Orient eussent été débitrices de la France de 28 millions pendant 36 ans en échange d'un prêt de 215 millions, comment peut-on trouver dans ce résultat un symptôme d'affaiblissement pour la France ?

Quand les chemins de fer étrangers en plein rapport verseront chaque année à la France qui les a commandités une rente considérable en échange d'un prêt, trouvera-t-on là une cause d'infériorité ou de supériorité ? J'avais toujours cru que les peuples qui commanditaient d'autres peuples leur étaient supérieurs, comme l'est, dans l'ordre ordinaire des affaires le capitaliste qui en commandite un autre : je me suis trompé, on me l'a fait bien voir, comme à cet animal qui avait :

« D'un pré tondu la largeur de sa langue, »

et je subis sous les verrous le tort d'avoir voulu remonter le courant.

Au point de vue de la politique française en Orient, est-ce que cet emprunt, avec l'organisation dont je l'avais entouré, n'était pas la résurrection de cette antique influence des Francs qui, dans les siècles passés, était la seule qui fût tolérée dans ces contrées, la seule sous laquelle s'abritaient toutes les populations chrétiennes de l'Occident? Est-ce que la com-

mission nommée par décret du gouvernement ottoman
pour représenter les contractants ou cessionnaires de
l'emprunt, n'allaient pas s'emparer de fait et de droit
de l'administration financière de la Turquie, par la facilité de toucher directement les revenus de l'empire ? Et cette commission, comment était-elle composée à Constantinople ? de trois Français et d'un Anglais !
Où était l'action dirigeante de cette commission ?
Était-elle à Londres ou à Paris ? c'était à Paris ! Qui
donc avait le droit d'élever la voix pour demander,
par exemple, le maintien de l'occupation française en
Syrie ? La commission de l'emprunt, armée du contrat
de l'emprunt et du décret qui la constitue, avait seule ce
droit, parce qu'elle représentait les contractants ou
cessionnaires de l'emprunt, auxquels sont attribués,
comme garantie, les revenus des douanes de la Syrie ;
l'intérêt de ses mandants, comme son devoir lui imposaient de veiller à la conservation de ces revenus !...

Mais je m'arrête, car je n'en finirais pas si je voulais
développer toutes les considérations spéciales et générales qui se pressent dans mon esprit pour justifier
l'opération que j'avais entreprise et repousser la théorie
qui tend à parquer le capital, au risque certain de le
faire fuir en voulant le retenir par des mesures restrictives.

Le récit de l'affaire ottomane termine la série des entreprises industrielles ou financières que j'ai faites, et l'on remarquera qu'elles n'ont toutes été accomplies qu'en pleine lutte, soit avec des représentants de l'administration, soit avec les rivalités financières, soit avec un courant d'opinions devenu hostile aux financiers et aux affaires, soit enfin avec les difficultés nées d'un système restrictif et qui a amené l'affaiblissement du marché financier. A ce point de vue, avoir satisfait aux engagements contractés en 1856 sous l'empire d'une législation libérale et d'un marché si prospère, c'était déjà avoir vaincu une grande difficulté. Mais ce que je tiens plus particulièrement à constater, en finissant cette partie de mon récit, c'est le caractère des affaires que j'ai créées, c'est la nature foncièrement bonne de toutes les affaires que j'ai fondées.

Si elles n'ont pas toutes produit les résultats qu'elles promettaient, si des changements dans la législation en ont affaibli la valeur, si des fautes ont été commises, elles n'en sont pas moins d'excellentes affaires, et toutes sans exception combinées en vue de l'intérêt général et pour développer l'industrie et les travaux.

Certainement, je n'ai pas la prétention d'avoir su éviter dans leur gestion, les erreurs qui résultent de l'insuffisance pratique d'un personnel ou des trahisons que l'intérêt ou la cupidité excitent. Chargé d'occupations bien nombreuses, je n'ai pas toujours eu le temps nécessaire pour surveiller l'administration de ces diverses affaires, et gérer en même temps la Caisse générale des chemins de fer. J'ai dû remettre ma confiance à des hommes qui ont été insuffisants ; et cependant, malgré les malheurs survenus en décembre 1860, à la suite de la dénonciation Pontalba, tous les intérêts engagés dans les diverses entreprises que j'ai fondées sont sauvegardés, les intérêts de la Caisse générale des chemins de fer seuls ont péri, par la faute et sous l'influence même de l'homme qui avait mission de les protéger.

Avant d'aborder les charges et les faits de l'accusation, tous, sans exception, si honorables pour moi, je dois faire connaître la situation de M. de Pontalba, fondateur et membre du conseil de surveillance de la Caisse des chemins de fer, à l'égard de cet établissement financier, mettre en lumière les conséquences de sa conduite de ces réclamations et prétentions qui ont servi de prétexte à sa dénonciation, et enfin les actes et démarches qu'il a accomplies pour réussir.

Conséquence sur mon crédit des poursuites judiciaires.

Est-il nécessaire de dire que pour un établissement financier, il suffit d'une accusation contre ses chefs, ou d'une descente judiciaire, pour atteindre, détruire son crédit et amener sa chute ? C'est de toute évidence, et il faudrait être insensé, ou aveuglé par je ne sais quelle passion pour ne pas le savoir.

Il n'existe pas en Europe un seul établissement de crédit, quelque puissant qu'il soit, qui pût résister à une pareille atteinte ; les uns, comme la Banque de France, verraient leurs billets refusés et une catastrophe sociale en serait la suite ; d'autres, comme le Comptoir d'Escompte et le Credit mobilier se trouveraient sous le coup immédiat de remboursements pour le montant de leurs comptes courants et ne pourraient évidemment pas résister à une telle secousse.

Si des établissements financiers aussi fortement constitués, qui jouissent de l'appui du gouvernement et du concours des grandes notabilités financières, ne pourraient résister à l'éclat d'une semblable poursuite, à plus forte raison la Caisse des chemins de fer, complétement isolée et sans autre appui que le mien, devait-elle être plus cruellement frappée par des poursuites d'un caractère si grave.

Le contre-coup de la descente judiciaire ne se fit pas longtemps attendre, et, néanmoins, pendant deux mois encore j'ai pu résister aux conséquences d'une situation sans exemple !

J'étais engagé à la Bourse pour des sommes considérables, car j'avais fait des opérations en vue de l'emprunt ottoman.

Pour être en mesure de faire face à toutes les éventualités qui pouvaient se présenter pendant la durée de la souscription, je m'étais fait reporter des valeurs, et, par suite, j'avais à payer aux agents de change, à la fin de décembre, environ 15 millions.

J'avais aussi des échéances très-considérables pour le mois de décembre.

J'avais des payements très-importants à faire pour le chemin de Pampelune, pour les travaux et fournitures des chemins de fer romains.

Enfin, le mois de janvier est l'échéance des coupons d'intérêt des diverses sociétés dépendant de la Caisse générale des chemins de fer, l'ensemble de ces engagements était très-élevé, mais tant que le crédit subsistait, je pouvais, avec les valeurs dont je disposais, me procurer les ressources nécessaires, je n'avais donc aucune inquiétude provenant de ces engagements.

En outre, le succès de l'emprunt ottoman n'avait pas seulement pour effet d'assurer à la Caisse générale des chemins de fer de très-grands avantages, mais cette opération avait encore le mérite d'élever le niveau de son crédit.

Le dimanche et le lundi qui suivirent la descente judiciaire, la nouvelle s'en répandit dans Paris, les correspondances l'annoncèrent aux places étrangères ; l'effet produit sur la place de Londres, par exemple, fut immédiat, et il fut possible de le constater par la circonstance suivante :

Le paquebot de Constantinople, arrivé à Londres le 14 décembre, avait apporté 11 millions de traites tirées sur la Caisse générale des chemins de fer, à 90 jours d'échéance. Ces traites, parvenues à Londres le vendredi matin, 14 décembre, furent escomptées par les grandes maisons à un taux qui dépassait à peine 2 1/2 pour cent d'intérêt par an !

Mais dès qu'on connut la fatale nouvelle, nul ne voulut plus ma signature, et mon crédit à Londres passa, dans l'espace de quarante-huit heures, du niveau le plus élevé où le crédit commercial d'un homme peut atteindre, au rang des signatures discréditées.

A la Bourse de Paris, les agents de change furent naturellement très-émus, non pas seulement ceux avec lesquels j'étais engagé, mais aussi les autres agents de change qui, par contre-coup, pouvaient craindre d'être compromis. Aussi la plupart me demandèrent-ils le payement, par anticipation, des sommes que je ne devais qu'à la fin du mois et, qu'avec mon crédit, grâce à des reports, je n'aurais pas été dans la nécessité de rembourser.

Cet événement si grave produisait son effet ordinaire, naturel, me privait de mes ressources, anéantissait mon crédit et m'obligeait en même temps à des remboursements considérables.

Par les mêmes raisons, le gouvernement espagnol demanda des explications au Conseil d'administration du chemin de Pampelune à Saragosse, dont la Caisse générale des chemins de fer avait les fonds, et je me vis obligé de me libérer à bref délai, envers M. de Salamanca, des sommes dont le payement ne devait être effectué qu'un an après.

Je dois faire remarquer la décadence ou l'affaiblissement successif de mon crédit coïncidant avec les phases de l'action judiciaire.

Certainement, la descente judiciaire du 15 décembre et la mise sous scellés de mes livres avaient eu un effroyable contre-coup sur les places de Londres et Madrid ; mais, à Paris, on connaissait la cause de ces poursuites, et l'indignité si profonde de la dénonciation en avait affaibli la gravité ; de sorte que, lorsque le lundi 17 décembre, on crut que tout était fini, les esprits semblaient se rassurer et ma signature put se négocier encore. En même temps, j'offrais à la plupart des agents de change le payement par anticipation des valeurs qu'ils m'avaient reportées, et, pendant quelques jours, on put croire, comme je l'avais pensé, lorsque, sous l'influence de conseils bien funestes je consentis à subir les conditions de M. de Pontalba, que cette déplorable affaire était finie. Quelque rude qu'ait été le coup porté à mon crédit, j'espérais que, puisque grâce à cette transaction, il ne serait plus question de cette malheureuse affaire, je pourrais relever mon crédit si fortement ébranlé !

Malheureusement, tous mes efforts étaient annulés par la persistance de quelques personnes haut placées, à soutenir, dans les salons de Paris et à la table des grands personnages de l'Empire, que les poursuites seraient reprises ; le bon effet produit par les remboursements anticipés était détruit ; le doute renaissait dans les esprits, et ce doute se traduisait chaque jour par de nouvelles exigences. Bientôt on apprit qu'un mandat avait été lancé contre moi ; dès lors, le discrédit reprit une nouvelle force, et je me trouvais chaque jour aux prises avec des difficultes inextricables.

Pour permettre d'apprécier les efforts que j'ai dû faire du 15 décembre au 17 février, jour de mon arrestation, pour satisfaire à une situation inouïe, je dois faire connaitre que pendant cet intervalle les payements que j'ai faits se sont élevés à 51 millions environ, je les énumère pour qu'on n'en puisse pas douter :

Échéances par billets pour les chemins de fer romains et de Pampelune	3,000,000
Valeurs en reports à la Bourse	15,000,000
A M. de Salamanca pour le chemin de Pampelune	9,000,000
Payements divers pour l'emprunt ottoman	19,000,000
Coupon d'intérêt pour les sociétés diverses dépendant de la Caisse	5,000,000
Travaux et fournitures des chemins de fer romains, environ	3,000,000
Total	51,000,000

Les recettes à cette date pour l'emprunt ottoman ne s'élevaient qu'à environ 23 millions, c'était donc un débours de 28 millions que j'avais dû faire dans des conditions les plus désastreuses.

Un établissement financier qui avait résisté à une si effroyable secousse, qui avait fait face à toutes les demandes de remboursement qui n'avait sur la place de Paris que 9 millions d'engagements, qui possédait 8 millions de propriétés immobilières dans Paris, qui avait, en outre, un portefeuille de 30 millions de valeurs diverses! cet établissement avait donné une preuve de puissance et de vitalité qui avait surpris, étonné le monde financier. Ce fut alors qu'un coup terrible vint aggraver une situation déjà si pénible; la Banque de France refusa d'escompter ma signature!

Le motif donné par la Banque de France était celui-ci : « Les effets qu'on avait présentés à l'escompte
» étaient tirés de Constantinople à l'ordre du ministre
» des finances de la Turquie, or, disaient les gouver-
» neurs, la Banque de France est fondée pour favoriser
» le commerce et nullement les emprunts étrangers ;
» certainement ajoutaient les gouverneurs, si l'opération
» avait été minime, nous n'y aurions pas fait attention ;
» mais vous vous êtes engagé de fournir 200 millions,
» et par suite la Banque de France peut être exposée à
» endosser la responsabilité d'une partie de cet em-
» prunt. »

Je fis vainement observer que les versements étaient échelonnés sur dix-huit mois par payements mensuels de 11 millions chacun, qu'il n'y aurait jamais plus de 11 millions de valeurs en circulation, attendu que je n'autoriserais le gouvernement de la Porte à disposer du montant d'une échéance mensuelle, que lorsque la précédente serait échue et, par conséquent, le risque était nul parce que limité à 11 millions, la banque de France avait, comme garantie, la Caisse générale des chemins de fer qui couvrait sa responsabilité et détruisait toute préoccupation.

J'ajoutai que les gouverneurs ne pouvaient ignorer qu'il y avait en circulation environ 80 millions de papier tiré par les maisons de Constantinople, qu'une forte partie de cette circulation devait être dans le portefeuille de la Banque elle-même, que le solde était en grande partie dans les portefeuilles des établissements et capitalistes français, et qu'il était dès lors utile à tous les intérêts, que cet emprunt destiné à consolider cette espèce de dette flottante de la Turquie, ne fût pas entravé.

Ces observations n'eurent aucun succès, et par un sentiment de prudence que je ne puis pas critiquer, les gouverneurs crurent devoir maintenir l'exclusion de ma signature.

Nul ne saura jamais ce que j'ai éprouvé pendant

cette cruelle période de deux mois, du 15 décembre
au 17 février ! Les souffrances, les chagrins que j'ai
endurés ne sauraient se décrire. Sentir son honneur
en péril, la fortune de tant de familles confiée à ma
loyauté, menacée, chercher vainement un appui et rencontrer la malveillance chez les uns, la haine chez les
autres, l'indifférence chez presque tous ; passer les
nuits sans sommeil, les jours sans repos. Je vivais dans
une atmosphère de préoccupations sans cesse renaissantes, je n'avais pas plutôt fait face à une difficulté
qu'une autre renaissait. Je n'avais pas plutôt entamé
une négociation, soit pour céder une partie de l'emprunt ottoman, ou pour céder les chemins de fer
romains, qu'un accident imprévu venait renverser
tous les projets et faire obstacle à la réalisation des
conventions faites, arrêtées, prêtes à signer.

Ainsi, par exemple, un arrangement était intervenu
entre M. Ch. Laffitte et M. de Salamanca, et moi, pour
faire passer le solde de l'emprunt ottoman au nom de
M. Ch. Laffite ; les conditions avaient été débattues et
arrêtées, Me Plocque avait été choisi par M. Laffitte pour
la rédaction du traité, rendez-vous avait été pris chez
cet honorable avocat pour tout terminer ; lorsqu'au dernier moment M. Ch. Laffitte modifia d'une manière malheureusement irréalisable les conventions qui avaient été
arrêtées. Je n'en veux nullement à M. Ch. Laffitte de
ce changement dans ses idées ; car, je l'ai su plus

tard, des paroles lui furent dites dont le caractère alarmant devait l'éloigner de traiter avec moi.

Voilà quelle était ma situation, conséquence inévitable de la dénonciation de M. de Pontalba.

Si, encore, tant de malheurs amenés par cette déplorable affaire avaient eu une cause raisonnable, si même les réclamations ou prétentions de M. de Pontalba, qui ont servi de prétexte à sa dénonciation, si ces réclamations, dis-je, avaient été fondées, on pourrait trouver une ombre de raison et imputer à ma résistance à faire droit à une juste demande, les poursuites qui ont eu lieu ; mais il n'y avait rien de semblable, et l'exposé des réclamations de M. de Pontaba complétera la physionomie de cette affaire qui a déjà occasionné une perte qui s'élève à plus de 100 millions, ainsi que je l'établis dans le tableau qui suit.

PERTES

OCCASIONNÉES PAR LES RÉCLAMATIONS DE M. DE PONTALBA.

Chemin de Pampelune

Pertes sur le chemin de Pampelune
pour résiliation des engagements qui
n'étaient exigibles qu'un an après, etc.　　3,414,439

Emprunt ottoman

Pertes diverses sur le règlement de
l'emprunt ottoman. . . . .　　4,626,597　　20

Portefeuille

Réduction du portefeuille au cours du
20 février par comparaison avec le bi-
lan au 31 décembre 1860. . . . . . .　　14,121,351　　40

Chemins romains

Résiliation des traités relatifs aux
chemins romains ci. . . . .　　8,000,000

Clientèle

Réduction du mobilier et de la clientèle
par suite de la retraite de toutes les so-

A reporter. . . . .　　30,162,387　　60

Report 30,162,387   60

ciétés dont la caisse faisait les fonctions
de banque, cette clientèle étant réduite à
la propriété du *Journal des chemins de
fer.* ci.   939,638

Emprunt ottoman

800,000 obligations donnaient un bénéfice de 70 francs par obligation ainsi
que cela a été établi page 161 ; le bénéfice effectif était par suite de 56 millions, et comme valeur nominale le
bénéfice correspondait à 23 pour 100 sur
800,000 obligations, soit 184,000 obligations ou un bénéfice nominal de
92 millions rapportant 6 pour 100 d'intérêt, ci.   92,000,000

Sur les 800,000 obli-
gations il en avait été
placé 102,000 ce qui
réduit le bénéfice sur
l'excédant à   84,860,000

Et en déduisant pour
les droits, frais de toute
nature, commission,
etc., environ.   12,000,000

Le bénéfice net eût
été de.   72,860,000

Pertes totales éprouvées par suite
de la dénonciation de M. de Pontalba,
sans préjudice d'autres non-valeurs, ci.   103,962,027   40

MON PROCÈS

C'est sous les verrous, c'est à Mazas, c'est pendant que je suis tenu au secret que j'écris ces lignes.

Toute communication m'est interdite, parents, amis, ne peuvent me voir; c'est par le directeur de la prison que j'ai appris la naissance de ma petite-fille! On me refuse le concours d'un avocat pour la défense de mes intérêts civils et commerciaux; je suis accablé de papiers timbrés par l'administrateur provisoire choisi par le gouvernement et je ne puis communiquer avec lui pour répondre à ses assignations; M. de Germiny lui-même dans l'intérêt de la gestion qui lui était confiée, n'a pu, obtenir la permission de me voir!

Qu'ai-je donc fait?

En Italie, en Espagne, à Marseille, dans le Gard, les travaux auxquels je dois suffire ont-ils été suspendus ?

Les payements ont-ils été retardés, non pas d'un jour, mais même d'une heure ?

Des créanciers quelconques ont-ils élevé des réclamations ?

Des actionnaires d'une seule entreprise patronnée par moi ont-ils faits entendre une seule plainte ?

Non ; rien absolument rien de semblable ne s'est produit.

MM. Schneider, pour le Creuzot ; M. Benoit d'Azy, pour Alais et les grandes usines de France qui se sont engagées à faire 22 millions de fournitures aux chemins romains, ont-ils éprouvé un retard quelconque dans les payements ordonnés par le conseil d'administration ?

Les usines de France ne sont-elles pas en activité pour satisfaire à cette commande ?

M. de Salamanca chargé des travaux moyennant 83 millions, pour les chemins de fer de Rome à la frontière napolitaine et de Rome à Ancône et Bologne, ne pousse-il pas les travaux avec la plus grande activité et les payements ont-ils été un seul instant en souffrance ?

M. Briau, entrepreneur des travaux de Bologne à Ancône et Ravenne, ne travaillait-il pas si activement que le gouvernement piémontais en exprimait hautement sa satisfaction ; et les payements ordonnancés par le Conseil d'administration n'étaient-ils pas soldés ponctuellement ?

En Espagne, sur le chemin de Pampelune à Saragosse les travaux ne sont-ils pas poussés avec une telle activité que la ligne sera exploitée dans le premier semestre de 1861? Est-ce que pour ces travaux également les fonds n'ont pas été fournis avec profusion ?

A Marseille, n'est-ce pas avec les avances faites à la municipalité par mon concours, que les travaux du port Napoléon ont été poussés si activement que son achèvement pourra avoir lieu en 1862 ?

A Marseille encore, est-ce que les hauts fourneaux que j'ai fait contruire ne fonctionnent pas ?

L'usine à gaz de Marseille ne marche-t-elle pas avec succès et régulièrement ?

Dans le département du Gard, les mines de Portes ne sont-elles pas en pleine exploitation, autant au moins que le permet l'état du commerce des houilles?

Le chemin de fer que j'ai fait construire pour relier ces mines avec le chemin de la Méditerranée n'est-il pas en exploitation ?

Pourquoi donc toutes les rigueurs dont je suis l'objet ?

Évidemment, il fallait qu'il y eût une bien grande nécessité, justifiée par la gravité des faits qui m'étaient imputés par M. de Pontalba membre du Conseil de surveillance et par mon chef de comptabilité.

Il s'est produit dans cette malheureuse affaire une complication qui a probablement contribué à aggraver le mal provoqué par les dénonciations de M. de Pontalba, c'est ma qualité de gérant des journaux *le Constitutionnel* et *le Pays*. M. de Pontalba ne s'était pas borné à dresser une dénonciation et à la remettre soit au garde des sceaux, soit au procureur impérial, tout Paris était l'écho de ses accusations. Le gouvernement dut se préoccuper, au point de vue de sa dignité, de ma situation à l'égard des journaux qui défendaient sa politique.

C'est probablement sous cette influence que l'administration demanda ma retraite. Ma résistance à abandonner une propriété acquise au prix de 1,180,000 fr., plaçait le gouvernement dans cette alternative, ou garder le silence sur les faits divulgués par M. de Pontalba, et paraître assurer l'impunité des crimes qui m'étaient imputés en échange du concours donné par mes journaux, ou laisser à la justice son libre cours.

La question ainsi posée, la solution ne pouvait être douteuse à cause même du caractère de la dénonciation, qui émanait d'un membre de mon conseil de surveillance, et dans laquelle tous les faits articulés avaient été indiqués avec précision par M. Devaux, chef depuis cinq ans de ma comptabilité. Qui donc eût pu douter de leur réalité ? qui donc eût pu sup-

poser que chaque fait dénoncé était un acte de dévouement aux intérêts que je représentais?

Quant à moi, fort de ma conscience, de la loyauté
de ma conduite, de la probité de ma gestion, je ne
pouvais supposer dans la droiture de mon cœur que
M. de Pontalba, fondateur de la Caisse générale
des chemins de fer, membre le plus actif du conseil de
surveillance pût s'exposer par le scandale d'un procès, à ruiner les actionnaires dont il était le tuteur,
je ne pouvais supposer, dis-je, qu'il trouvât quelque
appui, surtout lorsque ses efforts, au lieu d'avoir
pour but de protéger les intérêts qu'il avait mandat de défendre, foulait aux pieds ses obligations et
n'agissait qu'au point de vue de ses intérêts personnels.

Je dois maintenant faire connaître la situation de
M. de Pontalba à l'égard de la Caisse générale des
chemins de fer. Le caractère de ses réclamations, les
moyens qu'il a employés, pour parvenir à son but, et
permettre ainsi de mieux aprécier sa conduite.

Après ce récit, l'éducation de chacun sera faite, et
quant aux malheurs survenus qui ont empoisonné ma
vie, la responsabilité en retombera sur l'auteur véritable.

M. DE PONTALBA

ET

LA CAISSE GÉNÉRALE DES CHEMINS DE FER.

La société de la Caisse générale des chemins de fer fut fondée, en 1853, par MM. Ad. Blaise et F. Solar avec le concours de M. de Pontalba, par actè passé devant Me Gossart, notaire.

La liaison entre M. de Pontalba et F. Solar était déjà ancienne; ils avaient créé en commun, en 1850, un journal politique le *Messager de l'Assemblée*, et leurs relations intimes continuèrent entre eux après le coup d'État et après la chute du journal politique qui les avait réunis.

M. de Pontalba, par ses relations personnelles, contribua presque seul à la formation du conseil de surveillance de la Caisse des chemins de fer; les gérants étaient MM. Ad. Blaise et F. Solar ; la raison sociale était Ad. Blaise et Cᵉ.

Cette société fonctionna jusqu'en 1854, époque où par des circonstances diverses, je consentis malheureusement à prendre la suite des affaires de la Caisse des chemins de fer. M. Blaise se retira. Un nouvel acte fut passé et la raison sociale devint J. Mirès et Cᵉ.

Les membres du conseil de surveillance m'étaient tous inconnus, et si plus tard j'obtins des quatre collègues de M. de Pontalba une confiance absolue, je ne la dus qu'à une probité rigoureuse et à un dévouement sans bornes aux intérêts dont ils étaient les surveillants.

Dans cette nouvelle société, M. Solar avait conservé la qualité de co-gérant, et M. de Pontalba continua à faire partie du conseil de surveillance.

De 1854 à 1860, c'est-à-dire pendant une période de sept ans, M. de Pontalba, qui était le membre le plus actif du conseil de surveillance, exerça ses fonctions sans que jamais il ait dirigé une critique contre la gestion de la Caisse générale des chemins de fer.

M. Solar, par sa liaison intime avec M. de Pontalba, connaissait sa situation de fortune ; quant à moi, je n'en savais que ce qui était connu de tout le monde, que Mᵐᵉ de Pontalba la mère, occupait, dans le faubourg Saint-Honoré, un magnifique hôtel dont, disait-on, elle avait refusé 6 millions du comte Demidoff.

Je savais aussi qu'elle possédait dans la rue Saint-Honoré, sur la place Vendôme, etc., etc., des propriétés d'une valeur considérable; qu'elle avait de grands intérêts territoriaux dans les États-Unis, et enfin que M. de Pontalba possédait la magnifique terre de Mont-l'Évêque, estimée près de 2 millions. Cet ensemble qui représentait une si grande fortune, avait contribué à me tromper sur la véritable situation de M. de Pontalba. Lorsque je la connus, il était trop tard. Son compte débiteur envers la caisse s'élevait déjà à un chiffre considérable; cependant, gardien vigilant des intérêts que je représentais, je demandai des garanties pour le découvert de son compte. Il me fut alors proposé de prendre une hypothèque sur la terre de Mont-l'Évêque, appartenant en propre à M. de Pontalba, et c'est ce qui fut fait au nom de la Caisse générale des chemins de fer.

Certainement si un membre du conseil de surveillance avait eu le droit de critiquer la direction donnée à la Caisse générale des chemins de fer, le seul qui eût dû s'en abstenir, non-seulement à cause de son compte débiteur, *mais par la nature de ses rapports financiers avec M. Solar*, c'était M. de Pontalba, qui grâce à ses relations avec M. Solar, et à la réputation de fortune de sa mère, avait réussi à élever si haut le chiffre de son compte.

Indépendamment de cette situation, M. de Pontalba,

le fondateur de la Société, l'homme qui avait obtenu de ses collègues, par leur concours dans ce conseil de surveillance, une si grande marque de confiance, M. de Pontalba n'avait-il pas, pour premier devoir, l'obligation de protéger l'honneur de ses collègues, comme les intérêts qui s'étaient confiés à lui ?

Si encore M. de Pontalba avait eu l'ombre d'un droit ; peut-être trouverait-on, non pas une excuse, mais au moins une faible atténuation à la gravité de ses torts. Ce prétexte même lui manque. En voici la preuve :

RÉCLAMATIONS OU PRÉTENTIONS DE M. LE BARON DE PONTALBA.

Les réclamations ou prétentions de M. de Pontalba ont pour point de départ :

1° Le voyage qu'il fit à Marseille, en 1858, pour la Société des Ports dont il était administrateur, à l'occasion d'un malentendu survenu avec les autorités locales.

2° Le concours qu'il a donné à la Société des Chemins de fer romains, dont il était l'administrateur délégué à Rome.

D'abord dans chacune de ces sociétés dans lesquelles il s'agit de sauvegarder les intérêts de leurs actionnaires ou de protéger les intérêts de la Caisse des chemins de fer, M. de Pontalba, comme administrateur de ces diverses entreprises, leur devait plus que personne un concours dévoué ; car, je le répète, il avait été le promoteur, le fondateur de la Caisse des chemins de fer ; certaines raisons, lui faisaient un devoir plus impérieux qu'à aucun de ses collègues de protéger ces intérêts.

Sur la première réclamation relative à la Société

des Ports de Marseille, voici le fait dans toute sa simplicité.

Dans les premiers mois de 1858, la Caisse des chemins de fer négociait pour le compte de la Société des Ports de Marseille, dix millions d'obligations dont le montant intégral devait être versé dans la caisse municipale, afin d'être affectés aux travaux des nouveaux ports, pour lesquels l'Etat n'avait encore porté aucune dépense au budget.

Ces obligations étaient garanties par une hypothèque prise au nom du maire de Marseille, qui se trouvait ainsi le mandataire légal, le tuteur des porteurs d'obligations : c'est une garantie qu'aucune autre obligation ne possède en France. En outre, pour donner autant que possible à ces obligations un caractère administratif, elles étaient revêtues de la signature du receveur municipal.

La souscription était ouverte en même temps à la municipalité de Marseille et à la Caisse générale des chemins de fer, à Paris. Enfin, les affiches placardées à Marseille étaient sur papier blanc, privilége réservé aux actes de l'Etat, des départements et des communes.

Dans ces circonstances, il se trouva que les annonces envoyées aux journaux de Paris pour faire connaître l'ouverture de la souscription portaient en tête, ces mots : « Ville de Marseille, » qui n'avaient rigoureusement rien d'absolument inexact, puisque la souscription avait lieu à la municipalité marseillaise, et que le montant intégral était versé dans la caisse municipale pour être affecté aux grands travaux en cours d'exécution.

Néanmoins, les autorités des Bouches-du-Rhône manifestèrent quelques susceptibilités, uniquement à cause du titre placé au-dessus de l'avis de la souscription. A cette occasion, M. de Pontalba, en sa qualité de membre du conseil de surveillance de la Société des Ports et de la Caisse des chemins de fer, reçut la mission de se rendre à Marseille pour expliquer les faits.

Cette mission eut le succès qu'elle devait avoir, et le préfet comme le maire se montrèrent facilement satisfaits de la rectification qui avait été faite spontanément, c'est-à-dire par la suppression dans l'annonce du titre « Ville de Marseille. »

M. de Pontalba a estimé à 500,000 francs les honoraires de cette mission! Et qu'on ne croie pas que ce soit de ma part une pure allégation ; la cause et le chiffre se trouvent dans l'assignation donnée devant le tribunal civil, comme dans la transaction intervenue depuis.

La seconde mission pour laquelle M. Pontalba a demandé fr. 1,200,000 d'honoraires, c'est le concours qu'il a donné à Rome comme administrateur délégué des chemins romains.

J'ai expliqué comment la Société des chemins romains, frappée rétroactivement par le décret du 22 mai 1858, s'était trouvée en péril ; pour parer aux inconvénients résultant des prescriptions de ce décret, la Société des chemins romains avait été autorisée, par délibération des actionnaires du 25 août 1858, à modifier son capital social dans une forme à laquelle l'autorité française, qui avait été appelée à en connaître, n'avait fait aucune opposition.

Il s'agissait de faire homologuer cette délibération par le gouvernement romain. M. de Pontalba, fut chargé d'obtenir cette approbation, il ne fut pas assez heureux pour l'obtenir.

Quelques mois plus tard, en 1859, une fusion fut préparée entre la Société des chemins de fer romains et les concessionnaires des lignes de Rome à Frascati et à la frontière napolitaine.

Ces deux sociétés arrêtèrent des résolutions par suite desquelles la Caisse des chemins de fer était exonérée de l'obligation de fournir le capital des chemins de fer romains. Les gérants de la Caisse, à cette occasion seulement et dans cette prévision unique, promirent à M. de Pontalba la remise du montant de son compte et la radiation de l'hypothèque prise sur sa terre de Mont-l'Évêque, s'il parvenait à mener à bien cette combinaison, de manière à obtenir que la Caisse fut libérée définitivement de ses engagements.

Malheureusement, M. de Pontalba ne réussit pas dans cette négociation.

Aux propositions de fusion et aux traités d'exonération de la caisse, il fut substitué, en juillet 1859, un rescrit pontifical obtenu par MM. de Pontalba et Solar, par lequel la concession des chemins dans les États de l'Église était transférée à MM. de Pontalba, Ducros et Solar, représentants des sociétés fusionnées.

Indépendamment de ce qu'il y avait de bizarre à voir des mandataires se substituer aux droits de leurs mandants, il y avait encore dans ce rescrit une clause impraticable qui en subordonnait l'exécution à la liquidation préalable des deux sociétés.

Or, cette liquidation était absolument impossible pour les chemins romains qui avaient émis à 250 fr. des obligations de 500 fr. rapportant 3 p. 100, car une liquidation rendait le remboursement de ces obligations exigible immédiatement et au pair.

Cet insuccès capital fut suivi de plusieurs autres ; tout ce que demandèrent les deux sociétés leur fut successivement refusé, et, après un an de négociations, la société des chemins romains se trouva purement et simplement autorisée à acquérir les lignes de Rome à Frascati et à la frontière napolitaine ; et le résultat net pour la Caisse des chemins de fer fut de voir ses engagements augmentés, puisque le capital qu'elle devait fournir n'était plus de 175 millions, mais bien de 207 millions, par suite de l'adjonction des lignes nouvelles.

Telle fut la seconde mission donnée à M. de Pontalba, et pour laquelle il demande 1,200,000 fr. d'honoraires, non compris ses dépenses qui se sont élevées à 259,000 fr. dans un intervalle de vingt mois, et qui lui ont été payées.

Je pourrais me plaindre de la manière dont M. de Pontalba a rempli, à Rome, ses fonctions d'administrateur délégué. Je ne le ferai pas, ni ne dirai pas davantage ses procédés à mon égard pendant son séjour dans la ville éternelle; j'aurais tout excusé s'il eût mieux défendu les intérêts qui lui étaient confiés. Je me bornerai donc à rappeler que la promesse qui lui avait été faite de la remise de son compte et de la radiation de l'hypothèque était bien évidemment subordonnée à la libération de la Caisse générale des chemins de fer de ses engagements envers la Société des chemins romains ; autrement cette promesse eût été sans cause et aurait eu même un caractère fâcheux, car la position personnelle de M. de Pontalba, comme administrateur délégué des chemins romains et comme membre du conseil de surveillance de la Caisse des chemins de fer, lui imposait, plus qu'à tout autre, le devoir de défendre les intérêts des actionnaires engagés dans ces deux sociétés. C'était déjà beaucoup que cette promesse faite en prévision du succès, les gérants auraient gravement engagé leur responsabité s'ils étaient allés au delà.

Du reste les termes de la transaction avec M. de Pontalba disent très-nettement la cause de la promesse qui lui avait été faite.

Depuis mon arrestation, un traité a été passé par M. de Germiny avec une société qui s'est substituée aux engagements de la Caisse des chemins de fer, moyennant huit millions! Quelle réponse aux prétentions de M. de Pontalba!

PREMIÈRE DÉNONCIATION

DE M. DE PONTALBA.

ASSIGNATION DEVANT LE TRIBUNAL CIVIL.

Le 9 novembre 1860, M. le comte Siméon, président du Conseil de surveillance de la Caisse générale des chemins de fer, reçut la visite de M. de Pontalba, qui lui déclara, à peu près en ces termes, « que n'ayant pu » se mettre d'accord avec M. Mirès sur des questions » d'intérêt, il avait pris le parti de l'actionner devant » le tribunal civil et de déposer contre lui, au ministère » de la justice, une plainte sur des faits d'irrégularité » dans la gestion de son établissement financier. »

En négligeant le côté moral de cette démarche et en examinant cette menace au point de vue où se plaçait M. de Pontalba, on se demande pourquoi cette double juridiction invoquée en même temps ! et pour quel

11

motif la dénonciation, au lieu d'être adressée au procureur impérial, a été remise au garde des sceaux ?

D'abord, parce que de M. de Pontalba pensait sans doute, que Son Excellence n'accepterait pas la responsabilité des poursuites résultant d'une dénonciation faite dans un but aussi apparent. Et prévoyant probablement qu'il serait repoussé de ce côté, il voulait m'effrayer par l'éclat de plaidoiries fâcheuses devant le tribunal civil; plaidoiries annoncées publiquement. C'était, du reste, une conséquence du système qu'on avait organisé.

Voilà évidemment la cause de cette double juridiction adoptée par M. de Pontalba.

A la suite de cette étrange communication faite à M. le comte Siméon, président du conseil de surveillance, ce conseil fut convoqué, et à la date du 12 novembre, il prit la délibération suivante.

CONSEIL DE SURVEILLANCE
DE LA CAISSE GÉNÉRALE DES CHEMINS DE FER

Séance du 12 novembre 1860

« Sont présents :

» M. le comte de Siméon, président du conseil de surveillance ;

» M. le comte de Poret;

» M. le vicomte de Richemont;

» M. le comte de Chassepot;

» MM. Mirès et Halbronn, gérants ;

» M. A. Avond, secrétaire général.

» La séance est ouverte à deux heures.

» Les membres du Conseil ont été convoqués sur la demande de M. le président, par suite des faits qui vont être expliqués.

» M. le comte Siméon annonce qu'il a reçu, le 9 novembre, la visite de M. le baron de Poutalba, membre du Conseil de surveillance de la Caisse générale des chemins de fer, qui est venu lui déclarer que, n'ayant pu se mettre d'accord avec M. Mirès, gérant de la Caisse, sur des questions d'intérêt qui les divisaient, il avait pris le parti de l'actionner au civil, et déposer contre lui, au ministère de la justice, une dénonciation sur de prétendus faits d'irrégularité dans la gestion de l'établissement financier qu'il dirige.

» M. le comte Siméon a fait observer à M. le baron de Pontalba que, s'il avait eu connaissance d'irrégularités dans la gestion de la Caisse, sa loyauté lui commandait d'en saisir ses collègues du Conseil pour vérifier les faits avant de porter une dénonciation devant le chef de la justice. M. de Pontalba a répondit qu'il donnait sa démission de membre du Conseil de surveillance et, sur l'observation qui lui a été faite par M. le comte Siméon, que la voie qu'il adoptait était inouïe, il a répondu que, ne pouvant amener M. Mirès à tenir les promesses qu'il lui avait faites, il était décidé à se venger de lui.

» M. Mirès fait remarquer qu'il n'a jamais eu, sur les difficultés auxquelles M. le baron de Pontalba peut vouloir faire allusion, aucune conférence avec lui.

» M. de Pontalba, dit M. Mirès, doit à la Caisse des sommes importantes; la gérance a eu tort, assurément, de montrer envers M. de Pontalba une aussi grande facilité.

» Un membre fait ensuite remarquer que M. de Pontalba n'a jamais saisi le conseil de l'examen d'aucune irrégularité, qu'il a exactement participé aux séances du conseil avant son voyage à Rome comme après son retour, et qu'il n'a cessé de s'associer soit à ses réunions, soit à ses conférences, que depuis un ou deux mois.

» Le conseil, après en avoir délibéré, enregistre la déclaration de son président, touchant la démission verbale de M. de Pontalba, constatant toutefois qu'au moment où cette démission a été annoncée, elle n'avait été et n'est encore convertie en aucun acte régulier et légal qui lui donne date certaine et la rende officielle.

» Considérant que dans toutes les séances qui ont eu lieu antérieurement, M. de Pontalba n'a jamais signalé, soit à la gérance, soit à ses collègues des faits graves d'aucune espèce ;

» Considérant que le Conseil a toujours trouvé M. Mirès disposé à lui donner les explications désirables, et qu'en admettant que des erreurs inséparables d'une grande entreprise aient pu être commises, M. Mirès a toujours été le premier à les reconnaître, à les signaler même, à les réparer avec une netteté qui ne saurait laisser de prise à une accusation de mauvaise foi.

» Le Conseil enregistre la déclaration que fait M. Mirès, à savoir que, pour arriver à ce but, il a plusieurs fois demandé à son chef de comptabilité, M. Barbet Devaux, un travail d'ensemble relevant et rectifiant toutes les erreurs qui avaient pu être commises ; que, si ce travail n'a point été fait, c'est que ce chef de la comptabilité a déclaré, dans une lettre datée du 15 juillet, être dans l'impossibilité de le faire, par des raisons de santé, travail que, du reste, il n'a jamais consenti à faire.

» Considérant que tous les membres du Conseil trouvent la conduite de M. de Pontalba blessante pour le Conseil, sa communication étant postérieure à la plainte qu'il se vante d'avoir déposée, et manquant même, à ce point de vue, des égards les plus élémentaires qu'il devait avoir envers ses collègues ;

» Considérant qu'une semblable façon d'agir est sans précédent et mérite d'être caractérisée de la façon la plus grave ;

» Attendu qu'en agissant comme il l'a fait, il a agi dans un but de vengeance essentiellement personnel, sacrifiant ainsi les intérêts qu'il était chargé de défendre comme mandataire des actionnaires ;

» Déclare qu'il n'y a lieu, quant à présent, de faire aucun acte qui puisse être précisé, la plainte de M. de Pontalba n'étant point connue et ayant tous les caractères de la dénonciation occulte et intéressée ;

» Et invite les gérants à tenir le Conseil de surveillance au courant de tout ce qui sera fait, afin que le

Conseil, éclairé, puisse prendre les résolutions qui seront rendues nécessaires par les circonstances. »

En même temps je demandai une audience à Son Excellence le garde des sceaux, elle me fut immédiatement accordée; j'appris dans cette audience que Son Excellence avait refusé de recevoir la dénonciation de M. de Pontalba et qu'il l'avait engagé à plus de réserve. J'appris en outre par Son Excellence que les termes de cette dénonciation étaient tels, qu'elle n'avait pu être rédigée qu'avec le concours d'un homme très au courant de tous les détails et du mécanisme de ma comptabilité.

Je ne pouvais me méprendre sur la personne qui avait pu le mieux préciser les faits dans la dénonciation, faits auxquels on avait donné une odieuse interprétation. C'était mon ancien chef de comptabilité qui, depuis cinq ans, en avait la direction. Or, si dans ma gestion j'avais eu à me reprocher un manquement à l'honneur, j'étais prévenu et je pouvais transiger; mais ma conscience ne me reprochait rien et je repoussai une transaction que je considérais comme injuste pour les intérêts que je représentais et honteuse pour moi-même.

Pour comprendre ces menaces, il faut rappeler que l'emprunt ottoman venait d'être conclu et que le monde financier s'en occupait dans *les premiers jours du mois de novembre*.

M. de Pontalba n'imaginait pas qu'ayant à réaliser une opération de 400 millions, je pusse résister à ses efforts si habilement combinés.

Son premier insuccès devant le ministre de la justice ne le découragea pas ; il savait que, dans les premiers jours de décembre, j'allais émettre l'emprunt ottoman, et il prépara, pour ce moment, de nouvelles batteries.

En conséquence, je reçus l'assignation devant le tribunal civil, que M. de Pontalba avait annoncée le 9 novembre à M. le comte Siméon. Par cette assignation, ce membre du Conseil de surveillance demandait :

1° 500,000 fr. pour la mission de Marseille ;

2° 1,200,000 fr. pour la mission à Rome et dont les résultats sont indiqués plus haut.

Quant aux frais relatifs à son séjour à Rome, malgré leur exagération ils n'avaient jamais fait l'objet d'une difficulté.

Cette assignation était conçue en termes odieux; elle renfermait des extraits de lettres confidentielles concernant des tiers, adressés à M. de Pontalba et qu'il livrait à la publicité sans autre but que d'étayer l'échafaudage impuissant de ses réclamations.

Rien n'a manqué dans cette triste affaire pour m'abreuver de dégoût,

J'ai été soutenu dans cette affreuse lutte par le sentiment de mon honneur et par le respect des intérèts qui m'étaient confiés. Pouvais-je supposer que l'accomplissement de mes devoirs et le respect de mon honneur et de ma dignité auraient d'aussi effroyables conséquences ?

———

DEUXIÈME DÉNONCIATION

DE M. DE PONTALBA

DU 4 DÉCEMBRE 1860.

Le 4 décembre, M. de Pontalba remettait à M. le procureur impérial la dénonciation déjà repoussée par Son Excellence le garde des sceaux.

Cette remise coïncidait avec l'émission de l'emprunt ottoman; comme les tentatives du mois de novembre avaient coïncidé avec sa conclusion.

C'était le complément des efforts faits depuis plusieurs mois pour m'arracher un injuste payement. Ces efforts je les résume :

1º Dénonciation remise à Son Excellence le garde des sceaux ;

2º Démarche comminatoire faite auprès de M. le comte Siméon ;

3o Assignation donnée devant le tribunal civil.

C'est pendant le développement de ces tentatives que j'ai conclu l'emprunt ottoman, et amené la prospérité dans les affaires de la Caisse générale des chemins de fer ; preuve évidente du peu d'influence qu'avaient eu ces tentatives avant que la justice ne fût intervenue.

Que se passa-t-il du 4 décembre, jour où fut remise la dénonciation, au 14 décembre, jour ou fut résolue la descente judiciaire opérée le 15 décembre dans mes bureaux ? Quelles furent les communications entre Son Excellence et M. le procureur impérial sur cette affaire ? Je ne puis les connaître. Si j'en crois des bruits arrivés jusqu'à moi, M. le procureur impérial aurait exprimé la pensée que la dénonciation de M. de Pontalba n'était point une plainte, puisqu'il n'alléguait d'aucun préjudice.

Or, j'avais adressé à Son Excellence le garde des sceaux, copie : 1o des délibérations du conseil de surveillance, 2o de l'assignation donnée par M. de Pontalba devant le tribunal civil. Par conséquent, Son Excellence avait pu apprécier par les termes de ces délibérations et de l'assignation, le caractère de cette affaire.

Le mépris devait en faire justice ; quels sont donc les motifs qui ont si profondément modifié cette disposition si naturelle ?

Ces motifs sont évidemment puisés dans ma situation de gérant des journaux du gouvernement, qui a forcé l'administration à se dégager de toute solidarité dans les intérêts que je représente.

M. de Pontalba s'était emparé de toutes les avenues : justice criminelle et justice civile ; et le **11** décembre, le jour même où s'ouvrait la souscription à l'emprunt ottoman, on appela le procès civil, et un éclat de plaidoirie était préparé sans doute, mais, soit hasard, soit calcul, j'en fus quitte pour la menace, la cause fut appelée à l'ouverture de l'audience et renvoyée à un mois.

Ainsi, j'étais, comme on le voit, cerné de toutes parts ; c'était cependant dans cette situation si pénible que je devais en même temps défendre mon crédit et réaliser la plus grande opération financière qu'aucun homme ait jamais entreprise avec ses seules forces.

Descente judiciaire, le 15 décembre 1860.

Le 15 décembre 1860, à dix heures du matin, un commissaire de police me remit la carte de visite de M. Daniel, juge d'instruction, et m'invita à me rendre à midi dans le cabinet de ce magistrat. C'est ainsi que je fus instruit de la suite donnée à la dénonciation de M. de Pontalba. Évidemment, ce qui a dû modifier la première impression, c'est, comme je l'ai déjà indiqué, ma double situation de banquier et de propriétaire de journaux. Le bruit qu'avait fait la dénonciation de M. de Pontalba, les imputations graves articulées contre mon honneur, plaçaient le gouvernement dans une alternative que la dignité lui commandait de résoudre en laissant à la justice son libre cours.

Je me rendis chez le juge d'instruction, qui me fit connaître le procès criminel qu'on allait instruire sur la dénonciation Pontalba. Je protestai contre cet appui donné à d'injustes prétentions, au mépris des intérêts les plus respectables. J'exposai les conséquences de cette poursuite pour un établissement de crédit, dont la ruine atteindrait de nombreuses familles ; qu'il n'y avait aucun intérêt en souffrance, que pas une plainte n'était formulée, pas une seule réclamation qui justifiât des actes aussi graves.

Mes protestations furent inutiles ; le même jour, à

cinq heures, une descente judiciaire eut lieu dans mes bureaux, et mes livres furent mis sous les scellés.

Les protestations que je fis entendre dans cette douloureuse circonstance n'étaient pas l'expression d'une crainte personnelle, car dis-je, au juge d'instruction, » si je redoute ces poursuites, c'est uniquement parce » qu'elles compromettent les intérêts de mes action- » naires; quant à moi, je les considère comme un » piédestal que vous éleverez à ma probité. »

Il me semblait que tant de sévérité contre un établissement financier de premier ordre, en plein crédit, était indue, qu'on poursuivait ma ruine, et, sous l'empire de cette pensée, j'étais résolu à arrêter sur-le-champ mes affaires et à fermer la Caisse générale des chemins de fer dès le lundi 17 décembre.

J'étais dans cette disposition, lorsque je fus averti que si M. de Pontalba recevait satisfaction et se désistait, l'affaire n'aurait aucune suite.

Je crus alors que l'acte rigoureux que la justice venait d'accomplir était peut-être le résultat d'une erreur ou d'un excès de zèle; et j'eus encore l'espérance de sauver les nombreux intérêts que je représentais et *convaincu* que je n'aurais plus à me préoccuper des suites de cette affaire, je consentis à payer à M. de Pontalba ce qui ne lui était pas dû !

TRANSACTION PONTALBA

LEVÉÉ DÉS SCELLÉS.

Pouvais-je résister à l'offre qui m'était faite ? Pouvais-je compromettre plus gravement qu'ils ne l'é-taient les grands intérêts qui m'étaient confiés ? Quelle n'eût pas été ma responsabilité si j'avais repoussé cette ouverture ? Pouvais-je enfin, pour cette créance d'un recouvrement difficile, refuser la sécurité qui m'était offerte ?

Evidemment, je ne le pouvais pas, et l'adhésion toute conditionnelle que j'avais donnée était, en dé-finitive, le parti le plus sage dans cette circonstance ; je sacrifiai mes sentiments personnels, ma dignité même, à mon mandat : ma conscience était en repos !

Voici, maintenant, le récit des négociations qui eurent lieu avant la transaction :

Dès le commencement des poursuites, j'avais consulté Me Mathieu, avocat, et, en même temps, Me Mocquart, notaire, à cause de ses relations avec Mme de Pontalba la mère.

Ces deux hommes, d'une honorabilité si parfaite, consentirent à intervenir dans cette triste affaire, et c'est par leur intermédiaire que cette transaction a été conclue.

On discuta longuement; il fut évident pour mes conseils que si M. de Pontalba était désintéressé et si on parvenait à éviter tout débat public avec lui, je ne serais ni troublé dans ma sécurité, ni inquiété dans l'administration des graves intérêts dont la gestion m'était confiée.

Sur cet avis, les négociations s'engagèrent entre Me Mocquart, notaire pour mon compte, et Me Sénard avocat pour le compte de M. de Pontalba. Après la discussion du chiffre des honoraires réclamés par M. de Pontalba, pour la double mission à Rome et à Marseille, ces chiffres furent arrêtés comme suit : 1,200,000 fr. pour la mission de Rome! et, pour Marseille, la demande de 500,000 fr. fut réduite à 200,000 fr.

Je dois à Me Mocquart une vive reconnaissance pour la manière dont il a défendu mes intérêts. J'avais le couteau sur la gorge, et M. de Pontalba n'était pas homme à me ménager dans la situation qu'on lui avait faite, et après les moyens employés pour atteindre son but.

Il y avait ensuite à retirer des pièces qui, d'après les conseils de M. de Pontalba, constituaient ses droits; je demandai qu'il en fût dressé un inventaire régulier, Me Sénard proposa de les brûler !

« Les brûler, m'écriai-je quand on me rapporta cette » proposition; mais ce serait laisser supposer que ces » pièces renferment quelque chose de fâcheux pour mon » honneur ou la constatation effective des droits de M. de » Pontalba ; à aucun prix je ne veux leur destruction, » je demande qu'elles restent chez un notaire. » Et, en effet, elles sont encore dans l'étude de Me Mocquart.

A la suite de cette discussion, le payement fut effectué, le désistement de M. de Pontalba fut donné et la transaction suivante fut passée avec M. de Pontalba.

Le payement eut lieu le 18 décembre, et les scellés placés sur mes livres furent levés le 19 !

COPIE DE LA TRANSACTION PONTALBA.

Entre les soussignés :

» MM. J. Mirès et F. Solar, banquiers, demeurant à Paris, agissant pour leur compte personnel et en qualité de gérants de la Caisse générale des chemins de fer, représentée par M. J. Mirès seul, comme ayant charge et pouvoirs, ainsi qu'il le déclare et se portant fort d'ailleurs, en tant que de besoin, pour la Caisse générale des chemins de fer et pour M. Solar, d'une part;

» Et M. le baron de Pontalba, demeurant à Paris, d'autre part;

» A été dit et fait ce qui suit :

» Dans le courant de l'année 1858, divers embarras ayant surgi au sujet de l'affaire des chemins romains entreprise par la Caisse générale des chemins de fer, M. de Pontalba reçut la mission d'aller à Rome pour protéger les intérêts de la Caisse des chemins de fer et dans le but *surtout* d'obtenir du pouvoir souverain, du saint-père *la résiliation des engagements* pris vis-à-vis de son gouvernement par MM. Mirès et Solar, comme gérants.

» Ces derniers, à titre de rémunération des soins de M. de Pontalba *et du succès* de la négociation, lui promirent une libération entière des sommes par lui dues à la Caisse.

» Depuis le retour de M. de Pontalba, un débat s'est élevé au sujet de sa mission et de la rémunération par lui réclamée.

» Antérieurement, une autre mission avait été confiée à M. de Pontalba. Il avait été chargé de surveiller, à Marseille, les intérêts engagés dans la Société des Ports de Marseille. De ce chef, M. de Pontalba réclame comme lui ayant été promise, une indemnité de 500,000 francs.

» Des difficultés se sont élevées entre les parties, au sujet de ce double règlement; une instance civile a été entamée par M. de Pontalba; elle a donné lieu à la transaction suivante :

« MM. Mirès et Solar, faisant droit aux réclamations de M. de Pontalba, lui donnent par les présentes quittance pleine et entière :

» 1° De la dette hypothécaire résultant de l'obligation passée devant Mᵉ Gossart, notaire à Paris, les 21 et 23 janvier 1858, en principal et accessoires ;

» 2° De la somme de   fr., due par M. de Pontalba en compte courant, en sus de la dette hypothécaire et des dépenses faites à Rome pour le compte de la Société des chemins romains, dépenses qui ne sont pas à la charge de M. de Pontalba.

» De plus, MM. Mirès et Solar ont à l'instant payé à M. de Pontalba une somme de 200,000 francs, pour leur compte et à leur charge personnels, à titre de rémunération pour les soins donnés à l'affaire des Ports de Marseille.

» Au moyen de la présente transaction, tous comptes se trouvent complétement réglés entre les parties, qui reconnaissent respectivement n'avoir plus à exercer aucune réclamation pour quelque cause que ce soit.

» MM. Mirès et Solar garantissent personnellement M. de Pontalba de tout recours de la part de qui que ce soit.

» Fait double à Paris, le   décembre 1860.

» C. DE PONTALBA ET J. MIRÈS. »

Ah ! si j'avais pu prévoir que cette sécurité si chèrement achetée n'était qu'illusoire, si j'avais pu penser que cette transaction allait être au contraire le point de départ de malheurs si grands ; mieux eût valu cent fois suivre ma première pensée et suspendre immédiatement mes affaires !...

MANDAT D'ARRÊT LANCÉ LE 24 DÉCEMBRE.

Ainsi que que je l'ai déjà dit, la dénonciation de M. de Pontalba avait produit une certaine émotion ; l'esprit public grossissait et multipliait encore le caractère des faits dénoncés par M. de Pontalba ; et les journaux étrangers, échos de ces bruits, attribuèrent à mon influence, comme propriétaire des journaux, l'inaction de la justice. Comme contre-poids à ce courant de l'opinion, la magistrature, fière de ses priviléges, soutenait hautement que les poursuites n'étaient que suspendues. Et, en effet, le 24 décembre, un mandat avait été lancé.

Dès que la rumeur publique m'avait appris cette grave résolution prise à mon égard, je me rendis chez M. le préfet de police pour connaître la vérité.

Le lendemain, 6 janvier, ce magistrat me fit appeler pour me déclarer que je pouvais vaquer librement à mes affaires.

Mais l'action entreprise depuis si longtemps par M. de Pontalba pour atteindre le but qu'il poursuivait, avait eu une influence fâcheuse à mon égard sur l'opinion publique. Les haines que j'ai soulevées s'emparèrent de cette circonstance pour démontrer au ministre la nécessité de ma retraite. Il est évident que cette situation, créée par les dénonciations de M. de Pontalba, exerça une influence décisive sur M. de Persigny, et l'amena à demander ma retraite, afin de dégager définitivement le gouvernement de toute participation directe ou indirecte dans les intérêts que je représentais.

J'écarte de ce récit tout ce qui se rattacherait à cette question des journaux, bien que les détails n'en soient pas étrangers au procès pour lequel je me défends. Mais j'ai hâte d'arriver, et sans m'appesantir sur de graves incidents qui ont marqué le mois de janvier et les premiers jours de février, je touche à la catastrophe.

MES JOURNAUX

Le 13 février, M. le juge d'instruction reprit les
poursuites ; les 15 et 16 février on saisit mes livres, le
17 je fus arrêté.

Il fallait que l'influence des accusations de M. de Pontalba fût bien grande pour avoir déterminé des mesures
de cette nature ; il fallait que l'adm nistration sentît la
nécessité absolue de dégager le gouvernement de toute
solidarité avec moi, et malheureusement pour les intérêts
qui m'étaient confiées, le ministre crut que cela n'était
possible qu'en laissant à la justice son libre cours.

Mais certainement, lorsque la vérité sera connue,
lorsqu'on pourra apprécier par quelles machiavéliques

conbinaisons j'ai été enveloppé, le ministre lui-même reconnaîtra combien il a été trompé, et il lui suffira, je n'en doute pas, de lire l'exposé des griefs dénoncés par M. de Pontalba pour que sa conviction soit formée.

Ces griefs, je voulais les publier, on m'en a empêché. Le rapport que j'avais préparé pour l'assemblée des actionnaires de la Caisse qui a eu lieu le 28 janvier les relatait avec le plus grand détail et en discutait le caractère. Ce rapport, qui était déjà imprimé, fut soumis à des conseils qui, par prudence, crurent devoir en empêcher la publication.

Mais ma pensée de les faire connaître n'indique-t-elle pas que ces griefs n'ont aucun caractère criminel et ne peuvent porter atteinte ni à ma probité ni à mon honneur !

Qu'on en juge : car je reproduis textuellement la partie du rapport qu'on m'a fait supprimer.

FAITS DÉNONCÉS

PAR M. LE BARON DE PONTALBA.

*Extrait qui était compris, dans le rapport lu à l'as-
semblée générale des actionnaires de la Caisse des
chemins de fer, qui a eu lieu le 28 janvier 1861, partie
qui a été supprimée d'après l'avis des conseils judiciaires
de la Caisse des chemins de fer [1].*

Ce rapport, après avoir inséré la transaction Pontalba exposait ainsi ses griefs :

« Cette transaction, messieurs, est l'épreuve la plus
» pénible que nous avons traversée, il n'a fallu rien
» moins que le sentiment impérieux de nos devoirs
» envers vous pour nous y faire consentir.

» Mais cette transaction est un acte de gérance, et,
» par conséquent, vous avez tous droits de l'appré-
» cier, non-seulement en ce qui concerne les sommes
» payées, mais aussi en ce qui regarde les faits invo-
» qués par M. de Pontalba, et qui nous ont été commu-

---

[1] L'original sur lequel Me Mathieu a fait les suppressions et
corrections de sa main a été saisi par la justice.

» niqués [1], faits qui ont reçu dans la plainte une odieuse
» interprétation, contre laquelle nous protestons avec
» l'énergie d'une conscience indignée.

» Ces faits, au nombre de cinq, vont vous être com-
» muniqués avec toutes les explications nécessaires ;
» car c'est pour nous une obligation d'honneur de
» répondre à tous les bruits, à toutes les attaques, à
» toutes les calomnies en rétablissant la vérité ; et,
» comme vous le verrez plus loin, nous ne nous bor-
» nerons pas seulement à l'exposé des faits, mais nous
» vous en demanderons la vérification [2].

» *Premier fait.* — M. Mirès, l'un de vos gérants,
» ayant fait pour son compte personnel, le 1er mai
» 1859, une opération à la baisse qui s'est soldée par
» une perte de 206,000 francs, M. de Pontalba ac-
» cuse M. Mirès d'avoir fait subir cette perte par la
» Société.

[1] Je faisais allusion à l'interrogatoire que j'avais subi le 17 décembre, et dans lequel le juge d'instruction avait relevé les
faits les plus graves consignés dans la dénonciation (*Note de
M. Mirès*).

[2] Par délibération de l'assemblée, une commission a été nommée pour examiner les faits et vérifier si le payement effectué
à M. de Pontalba, à la suite de cette dénonciation, avait eu lieu
pour couvrir des actes fâcheux pour l'honneur de vos gérants
ou dans le but de sauvegarder les intérêts de la Société en sau-
vant son crédit d'un naufrage imminent. (*Note de M. Mirès.*)

» *Deuxième fait.* — Les 30 avril 2 et 3 mai 1859,
» M. Mirès a liquidé d'office une partie des clients. Cette
» exécution a été faite sans droits, sans avis préalables,
» et les clients n'ont su la liquidation de leurs comptes
» que par l'avis de l'exécution.

» *Troisième fait.* — Dans le courant des années 1857
» et 1858, MM. Mirès et Solar ont vendu pour leur
» compte des actions de la Caisse générale des chemins
» de fer qui n'avaient pas été placées où qui apparte-
» naient à des clients.

» *Quatrième fait.* — Ces actions vendues ont donné
» naissance à un double payement de coupons. Or ces
» coupons qui auraient dû être payés par MM. Mirès
» et Solar, ont été portés au compte de la maison qui
» a été constituée en perte de la somme correspon-
» dante à ces coupons.

» *Cinquième fait.* — Vos gérants auraient émis pour
» 12 millions d'obligations des Ports de Marseille,
» alors qu'il ne devait en être négocié que pour 10
» millions de francs.

» Voilà, Messieurs, les faits saillants, principaux, qui
» ont formé la base de l'accusation portée par M. Pon-
» talba contre MM. Mirès et Solar et dont M. Mirès a
» reçu communication officielle le 17 décembre 1860.

» C'est sur chacun de ces faits que M. Mirès doit vous
» fournir les justifications propres à vous éclairer. »

Sur le premier fait. « Le 1er mai 1859, M. Mirès fai-

» sait pour son compte et par l'intermédiaire de M. Rou-
» gemont, agent de change, l'opération suivante *à la*
» *baisse*. Il vendait 300,000 fr. de rente ferme et il les
» rachetait à prime. La lettre de M. Rougemont con-
» state la double opération.

» L'une, la vente ferme, fut portée le jour même au
» compte de M. Mirès ; la seconde, c'est-à-dire l'affaire
» à prime, par son caractère aléatoire, ne devait et ne
» pouvait être inscrite définitivement que lorsqu'à la
» fin du mois le caractère de l'opération aurait été dé-
» terminé. Ce retard dans le passement des écritures
» pour les affaires à prime, était, du reste, l'usage pour
» toutes les affaires de cette nature.

» Or, la hausse s'était produite dans le courant du
» mois de mai, l'achat de 300,000 fr. à prime était devenu
» un achat ferme, ce qui liquidait le compte de M. Mi-
» rès. Mais, par erreur, ces 300,000 fr. de rentes furent
» compris dans les affaires de la Société au lieu d'être
» portés au compte de M. Mirès. Par suite, le compte
» de ce dernier n'étant pas chargé de ces 300,000 fr.
» de rente, provenant de l'achat à prime, c'est-à-dire
» de la contre-partie mentionnée dans la lettre de
» M. Rougemont du 1er mai, M. Mirès restait ven-
» deur de 300,000 fr. de rentes sans contre-partie,
» puisque toutes les opérations faites à la baisse dans
» les premiers jours du mois, sous l'influence de la
» crainte qu'on avait alors de la guerre générale,

» avaient été transformées à la hausse. C'est ce chan-
» gement dans les idées qui avait amené le rachat de
» toutes les rentes vendues au commencement du
» mois. Or, parmi les rentes qui furent rachetées se
» trouvaient comprises les 300,000 fr. de rentes vendues
» fermes par M. Mirès. Hé bien ! aucune de ces opéra-
» tions n'avaient été portées au compte de M. Mirès,
» ni le rachat de la rente vendue ferme, ni la contre-
» partie de cette dernière affaire, c'est-à-dire l'achat
» à prime, et cette erreur avait amené cette situation
» anormale de laisser le compte de M. Mirès vendeur
» de 300,000 francs de rentes sans contre-partie ni à
» la Bourse, ni chez les agents de change, ni sur les
» livres de la maison. Par suite, ce compte présentait
» cette physionomie curieuse et immorale d'un gérant
» faisant une spéculation contre la Société qu'il repré-
» sente.

» Comme j'étais liquidé, l'employé chargé de cette
» partie de la comptabilité, a purement et simplement
» contre-passé par le compte de la maison l'opération
» ferme du 1er mai 1859.

» Mais il suffit que cette nouvelle erreur conséquence
» de la première ait été signalée à M. Mirès pour qu'il
» en ait ordonné la rectification. M. Mirès a même
» exigé qu'un article détaillé et explicatif fût passé au
» journal; détails et explications contraires aux usages
» ordinaires de la comptabilité, mais certes conformes

» aux règles de l'honneur. C'est ce qui a été fait à la
» date du 16 juin 1860 ; c'est-à-dire six mois avant que
» la plainte de M. de Pontalba ne fût connue de
» M. Mirès. »

» *Sur le deuxième fait.* A l'époque où vos gérants li-
» quidèrent d'office une partie de leurs clients, c'est-
» à-dire les 30 avril, 2 et 3 mai 1859, la guerre d'Italie
» paraissait devoir conduire bientôt à la guerre générale.
» La conviction de vos gérants à cet égard était si
» profonde qu'ils avisèrent leurs clients qu'ils profite-
» raient de la baisse qu'ils prévoyaient pour les faire
» rentrer dans leurs valeurs.

» Veuillez remarquer, messieurs, la coïncidence de
» ces deux premiers faits interprétés avec tant de per-
» fidie par M. de Pontalba. Le premier constate une opé-
» ration à la baisse, faite pour le compte personnel de
» M. Mirès, ce qui établit nettement l'opinion qu'il
» avait sur les événements politiques dont l'influence
» pouvait être si grave sur le cours des valeurs. Le
» second, l'exécution d'office des clients dans la pré-
» vision de la baisse. Est-ce que cette coïncidence ne
» prouve pas précisément la sincérité de vos Gérants,
» lorsqu'en donnant avis de l'exécution d'office, ils si-
» gnalaient à leurs clients l'éventualité de la baisse qui
» permettrait de les faire rentrer dans leurs valeurs et
» d'améliorer leur situation.

» En outre l'examen des livres démontrerait que les

» opérations faites à la même date pour le compte de la
» Société étaient également à la baisse.

» Ainsi, ce que vos Gérants faisaient pour leurs
» clients, ils le faisaient pour eux-mêmes, ils le fai-
» saient aussi pour votre compte en prévision d'évé-
» nements qui n'ont été conjurés que par l'auguste ré-
» solution à laquelle on doit la paix de Villafranca.

» Est-ce que, au point de vue de l'honneur et de la
» loyauté, l'acte incriminé par M. de Pontalba n'est pas
» complétement justifié ?

» Si vous considérez, messieurs, que pour la plus
» grande partie des clients, les avances avaient été
» faites à une époque où les valeurs étaient à des cours
» élevés, et que, par conséquent, leurs comptes débi-
» teurs dépassaient pour un grand nombre la valeur de
» leurs titres, vous reconnaîtrez que nous n'avons été
» que les conservateurs de vos intérêts et des leurs.
» Il fallait vraiment, pour incriminer cet acte, être
» sous une singulière préoccupation de malveillance ;
» car, en dehors des preuves de sincérité qui ont été
» exposées, il y a une considération qui aurait dû éloi-
» gner toute pensée fâcheuse de la part de vos gérants
» c'est la situation même qui était faite aux clients exé-
» cutés.

» En effet, la lettre d'avis et le compte de l'exécu-
» tion qui leur étaient adressés, les mettaient en pos-
» session d'un titre, d'un engagement qu'ils pouvaient

» avec raison invoquer si la baisse prévue se produi-
» sait. D'un autre côté, si la baisse ne venait pas et que
» la hausse se produisît, comme la vente avait été faite
» sans droit, les clients pouvaient la répudier, et pro-
» fitaient ainsi de la hausse. Par conséquent, l'avis
» de l'exécution était une arme en leur faveur qui
» leur faisait une situation exceptionnellement avan-
» tageuse, et si quelqu'un faisait une opération fu-
» neste , c'étaient vos gérants qui avaient accepté
» contre la Société les chances de hausse sans avoir
» le bénéfice de la baisse.

» Comprend-on qu'une opération semblable ait pu
» être incriminée comme un acte contre les clients, de
» la part d'un membre du Conseil de surveillance, il
» eût été plus compréhensible qu'elle eût été blamée
» au point de vue de la Société ; mais la condamner à
» l'égard des clients, c'était le renversement du bon
» sens et de la raison.

» Quoi qu'il en soit, il a suffi que cette mesure ait
» été signalée comme excédant nos droits pour que nous
» ayons prévenu les clients qui n'avaient pas adhéré
» à la vente qu'ils étaient rétablis dans la situation
» qu'ils avaient avant l'exécution.

» *Sur le troisième fait*. Il s'agit d'actions de la So-
» ciété vendues et rachetées par vos gérants.

» Pour que vous puissiez apprécier le caractère de

» ce troisième fait signalé à la justice, nous avons be-
» soin de vous rappeler quelques faits que nous n'au-
» rions pas voulu aborder; mais notre défense nous
» oblige à bien préciser la situation faite en France aux
» intérêts que vos gérants représentaient, afin que vous
» jugiez le caractère véritable de leurs actes.

» Dans le premier semestre de 1856, deux faits s'é-
» taient produits; l'un à l'occasion des terrains acquis
» à Marseille par M. Mirès, et l'autre à l'occasion de la
» soumission que nous avions présentée pour la con-
» cession du réseau des chemins de fer pyrénéen.

» La première affaire avait été l'objet d'attaques
» vives et passionnées et, quoique en réalité, cette
» hostilité n'ait pu réussir dans ses tentatives pour
» faire annuler le traité fait par la ville de Marseille
» avec M. Mirès, elle attestait une malveillance pour
» ainsi dire notoire.

» La seconde affaire est relative à la demande en
» concession du réseau pyrénéen que nous avions
» adressée à Son Excellence le ministre des travaux
» publics.

» Cette proposition fut accueillie par le ministre
» compétent avec une si grande défaveur, que malgré
» son caractère d'utilité publique, elle n'eut même pas
» l'honneur d'un simple examen.

» Ces deux circonstances étaient significatives; vos

» gérants ne pouvaient se faire illusion sur les disposi-
» tions officielles à leur égard, et ils eurent la douleur
» de constater qu'ils ne pouvaient plus espérer, en
» France, aucune concession qui leur permît d'utiliser
» dans des entreprises d'utilité publique les capitaux
» de notre Société.

» C'est sous l'empire de ces impressions qu'ils ont
» dirigé leurs efforts vers l'étranger et qu'ils ont con-
» clu, dans le deuxième semestre de 1856, l'affaire des
» chemins romains de 175 millions de francs et l'em-
» prunt espagnol de 800 millions de réaux valeur no-
» minale ou de 200 millions de francs.

» Ces deux opérations représentaient des engage-
» ments considérables, il est vrai, mais la nature des
» affaires était telle, que si le marché français, la
» Bourse, avait conservé sa puissance et la liberté, ces
» engagements n'auraient eu rien d'inquiétant. Malheu-
» reusement ils coïncidaient avec les mesures prises
» par le gouvernement français contre le marché des
» capitaux qui allait être frappé dans son essence vi-
» tale, dans sa liberté.

» Vous vous souvenez, Messieurs, que dès le mois
» de janvier 1857, le marché des capitaux commençait
» à ressentir, par le droit d'entrée à la Bourse, les
» étreintes du système restrictif qui s'est appesanti
» sur les affaires.

« C'était sur ce marché qui s'affaiblissait chaque

» jour que vos gérants devaient trouver les ressources
» nécessaires pour faire face à leurs engagements
» pris à d'autres époques et alors que le marché était
» dans des conditions de prospérité qui avaient dis-
» paru. Vos gérants en firent la dure expérience par
» l'échec qu'ils éprouvèrent pour la souscription de
» l'emprunt espagnol dès le mois de janvier 1857. Cet
» emprunt, qui était payable en huit mois, nécessitait
» des payements mensuels très-considérables. Vous
» comprenez, messieurs, combien dans ces situations
» un grand établissement financier éprouve d'embar-
» ras, combien sa situation est difficile et délicate. Il
» faut qu'il se procure des ressources en tirant parti de
» son actif et cependant qu'il conserve son crédit, et
» pour cela qu'il tienne secrètes certaines réalisations,
» qui, si elles étaient connues, compromettraient ou
» aggraveraient sa situation ; comme par exemple une
» vente d'actions de la Caisse des chemins de fer
» soit que ces actions appartinssent à votre Société,
» soit qu'elles appartinssent à des clients. Ces ven-
» tes commencèrent en août 1857 et coïncidèrent avec
» les premiers besoins de la Société. Elles étaient fai-
» tes par M. Mirès pour satisfaire à des besoins
» sociaux ; et les fonds qui provenaient de ces ventes,
» pour rentrer dans la caisse sociale étaient portées au
» Crédit du compte de M. Mirès, de sorte que ce gérant
» était par ses reçus à la caisse des titres débiteur des

» actions et par ses versements créditeurs en espèces.

» Plus tard, les actions furent réintégrées à la Caisse,
» lorsque cela put se faire sans inconvénient pour les
» intérêts de la Société.

» Telle est l'opération dénoncée par M. de Pontalba
» et à laquelle M. Mirès a été forcé d'avoir recours
» pour subvenir aux engagements de la Société, et
» en même temps éviter de porter atteinte au crédit
» de l'établissement par des ventes ostensibles au-des-
» sous du pair, de ses propres actions.

» Cette manière d'opérer, dictée par la prudence la
» plus vulgaire, était une preuve de notre dévouement
» car pour suffire à des besoins sociaux, M. Mirès faisait
» une opération qui n'avait qu'un but, procurer à la So-
» ciété les ressources immédiates qui lui étaient indis-
» pensables.

» *Sur le quatrième fait*, ce grief est la conséquence
» du précédent. Quel que fût le mouvement du porte-
» feuille il fallait tenir compte des coupons d'intérêt
» aux propriétaires des actions vendues. Ce fut l'objet
» d'un compte spécial qui a été clos et soldé en dé-
» cembre 1859, parce qu'à cette époque les actions
» appartenant aux clients avaient été réintégrées dans
» le portefeuille. Le montant de ce compte était bien
» entendu à la charge des gérants.

» Il semble, messieurs, que nos ennemis dans leur
» aveuglement, n'aient trouvé à notre charge que des

» faits de nature à mettre en relief notre dévouement
» à vos intérêts, notre loyauté et notre désintéresse-
» ment; vous allez en avoir la preuve par le récit de
» ce qui s'est passé à l'occasion même de ce paye-
» ment du compte de coupons n° 2.

» Au mois de décembre 1859, le rachat des actions
» de la Caisse ayant été opéré, il était naturel que le
» compte spécial, ouvert pour le payement de ce
» double coupon, fût soldé. Vos gérants se préoccu-
» paient à cette même époque de l'inventaire et des
» résultats annuels à vous présenter. Dans le courant
» de cette année 1859, nous avions conclu l'affaire du
» chemin de fer de Pampelune à Saragosse, qui devait
» donner à notre société un bénéfice d'environ 9 mil-
» lions de francs; mais ce bénéfice n'étant pas réa-
» lisé, nous craignions d'y toucher pour servir les
» 25 francs par action que vos gérants voulaient vous
» distribuer.

» Pour couper court à toutes nos préoccupations,
» puisées dans la nouvelle législation sur les sociétés
» en commandites, voici à quel parti vos gérants s'ar-
» rêtèrent :

» Les apports bénéficiaires de M. Mirès en qualité
» de gérant dans les sociétés des Mines de Portes et du
» Gaz de Marseille, représentaient une somme de
» 2,523,000 francs. M. Mirès en fit l'abandon à la
» Caisse générale des chemins de fer, et notre chef de

» comptabilité reçut l'ordre de solder le compte spécial
» des coupons nº 2 avec les apports bénéficiaires qui
» étaient la propriété de M. Mirès, et de porter l'excé-
» dant, 1,763,000 francs, au compte des profits de
» l'année 1859. Ainsi se trouva justifié le payement de
» 25 francs par action que nous avons distribué pour
» cet exercice ; puisque le solde des apports bénéfi-
» ciaires constituait un bénéfice réalisé, dont M. Mirès
» fit spontanément l'abandon à la Société.

» Nous avouerons que, plus préoccupés du fond de
» cette affaire que de la forme à lui donner sur les livres,
» nous avons complétement négligé le caractère de
» l'abandon que M. Mirès faisait, et nous laissâmes
» passer aux écritures de fin d'année, d'une part, l'a-
» bandon total desdits apports, de l'autre, le compte
» spécial des coupons. Nous reconnaissons aujourd'hui
» qu'il eût mieux valu expliquer les écritures, et ba-
» lancer le compte des coupons par le compte des
» apports, et ne porter à l'article de fin d'année que
» l'excédant.

» Mais l'équité de nos actes, le désintéressement
» dont nous faisions preuve, nous mettaient tellement
» au-dessus de toute crainte, que les écritures ont été
» passées sans que nous nous en soyons autrement
» occupés que pour donner des ordres généraux.

» *Sur le cinquième fait.* — L'accusation d'avoir
» émis 12 millions d'obligation des Ports de Marseille

» au lieu d'une émission de 10 millions autorisée. Cette
» accusation est d'autant plus étrange, que les obliga-
» tions ont été délivrées revêtues de la signature du
» receveur municipal de Marseille, qui ne délivrait les
» titres que contre le versement préalable à la caisse
» municipale du montant intégral desdites obliga-
» tions. »

Ainsi se terminaient les communications que je voulus faire à l'assemblé générale du 28 janvier 1861.

Dans ma pensée, cette communication qui initiait le
public à la connaissance des faits les frappait d'impuissance en en démontrant le peu de fondement.

Dans ma pensée il serait devenu impossible de porter
atteinte à ma liberté et aux intérêts que je représentais, le jour où chacun aurait connu les prétextes
signalés par M. de Pontalba !

L'ACCUSATION

—

Arrêté depuis quatre mois, mis au secret pendant deux mois et demi, à quatre reprises différentes, j'ai été privé pendant ce temps de toute communication avec mon avocat, même pour les affaires civiles et commerciales !

Le lendemain de mon arrestation, on fit donner sa démission à M. Halbronn, mon co-gérant ; une heure après cette démission, le président du tribunal civil rendit une ordonnance qui nommait M. de Germiny administrateur provisoire de la *Caisse générale des chemins de fer*, à la requête d'un actionnaire, porteur de dix actions !

M. de Germiny a réglé l'affaire de l'emprunt ottoman et l'affaire des chemins romains ; mais, à l'heure qu'il est, je ne connais pas encore les conditions auxquelles ces transactions ont été faites, quoique cependant ce soit pour mon compte qu'on ait agi et que ces transactions m'engagent personnellement.

M. de Germiny a dressé le bilan de la Caisse générale des chemins de fer et arrêté les comptes ; cependant, à l'heure où j'écris ces lignes, aucune communication officielle ne m'en a été faite.

J'expose le fait, mais je ne l'impute pas à M. de Germiny. Il me suffit d'établir que M. de Germiny n'a pas eu de communication avec moi, et que ce n'est pas à lui a qui on peut en faire le reproche.

Le 4 avril, pendant que j'étais au secret, privé de communications avec mon avocat, qui n'a obtenu l'autorisation de me voir que le 12, le 4 avril, dis-je, un jugement du tribunal de commerce prononce la liquidation de la société, et nomme comme liquidateurs MM. Richardière et Bordeaux.

Du 4 avril à ce jour, messieurs les liquidateurs ne m'ont fait aucune communication.

Comment ont-ils opéré? quelles mesures ont-ils prises pour sauvegarder en même temps les intérêts des tiers, ceux des actionnaires et les intérêts d'un gérant, détenu, au secret? A l'heure où j'écris ces lignes, je l'ignore encore. Je n'accuse pas non plus les liquidateurs, car, comme M. de Germiny, ils n'ont pas obtenu l'autorisation de communiquer avec moi.

Mais quelqu'involontaire qu'ait été leur concours, il n'en a pas eu pour moi de moins fâcheuses conséquences. Aussi, dès que l'accusation m'a été communiquée, le 1er juin, je me suis hâté d'adresser à MM. Richardière et Bordeaux, la lettre suivante :

Mazas, 2 juin 1861.

« Messieurs,

» Les nécessités de la situation si douloureuse et si
» étrange qui m'est faite, justifieront les termes de
» cette lettre, et, je n'en doute pas, vous m'excuserez,
» messieurs, de rappeler que vous avez été choisis
» comme liquidateurs par l'autorité, et que le tribunal
» de commerce n'a fait, pour ainsi dire, qu'homolo-
» guer votre nomination.

» Je n'avais pas l'honneur de vous connaître, et je
» m'en suis remis complétement à vous, sur l'honora-
» bilité de votre caractère qui m'a été affirmée. C'était
» cependant bien grave, dans la situation où je me
» trouvais, de livrer à des représentants du pouvoir,
» une liquidation de cette nature qui mettait à

» votre disposition mon honneur, pendant que des
» rigueurs inusitées, dont je suis victime, semblent
» m'avertir du danger que pouvait avoir pour mes in-
» térêts les plus sacrés, pour mon honneur, une
» absence complète d'intervention de ma part.

» Mais j'ai considéré votre nomination comme une
» enquête sur ma probité, et quelque sévère que puis-
» sent être vos investigations, ma conscience paisible
» n'éleva aucune objection à votre choix. Jugez,
» messieurs, quélle douleur j'ai dû éprouver en lisant
» dans l'assignation qui me renvoie en police correc-
» tionnelle, que je suis accusé d'avoir détourné à mon
» profit des titres et valeurs appartenant à des clients
» de la Caisse générale des chemins de fer.

» Or, messieurs, vous savez mieux que personne
» que pas un seul titre n'a été distrait par moi, ni
» pour moi ; les investigations les plus sévères, les
» plus minutieuses, ne pouvaient porter une atteinte
» quelconque à mon honneur, et c'est dans cette sécu-
» rité que j'attendais le jour des débats publics, lors-
» que cette assignation m'est parvenue. Vous avez pu
» apprécier, messieurs, que si les besoins de la so-
» ciété, la conservation de son crédit, ont rendu né-
» cessaire la réalisation des titres remis ou achetés,
» pour les clients, cela n'a été fait que parce que l'ac-
» tif social en répondait au delà. Ceci est si vrai,
» qu'aujourd'ui même, malgré les sacrifices énormes

» faits[1]. Depuis le commencement de ce procès pour les
» chemins romains, pour l'emprunt ottoman, pour le
» chemin de Pampelune, afin de résilier les engage-
» ments de la Caisse, malgré les pertes résultant d'une
» énorme dépréciation du portefeuille, le capital dis-
» ponible suffit, et au delà, pour restituer à chacun ce
» qui lui revient, sans m'exposer au reproche cruel qui
» me menace et dont la responsabilité ne peut atteindre
» une personne mise, depuis son arrestation, à un se-
» cret qui durait encore le 28 mai.

[1] Voici un état approximatif des pertes que la Caisse générale des chemins de fer a éprouvées, par suite de la dénonciation de M. de Pontalba :

1° Réduction du portefeuille sur les cours du 20 février (après mon arrestation), comparativement à l'inventaire dressé le 3 décembre 1860 . . . . fr.   14,121

2° Pertes sur le chemin de Pampelune pour résilier des engagements qui n'étaient exigibles qu'un an après . . . . fr.   3,414,439

3° Pertes pour résilier les engagements contractés avec les chemins de fer romains . . . . fr.   8,000,000

4° Pertes diverses sur le règlement de l'emprunt ottoman . . . . fr.   4,626,597

5° Réduction sur le Mobilier et de la clientèle.   939,638

Ensemble . . . . fr.   31,100,633

Ces chiffres sont en dehors d'autres pertes provoquées également par le désastre amené par la dénonciation de M. de Pontalba.

» Vous ne vous offenserez donc pas, messieurs, si
» je rejette la responsabilité sur la manière dont vous
» avez cru devoir faire la liquidation. Mon droit à cette
» répudiation est si légitime, que je peux vous assurer
» que M. Delahante, pour les chemins romains, M. Sa-
» lamanca pour les chemins de Pampelune, n'ont jamais
» eu la pensée de faire obstacle aux mesures qu'il y
» avait à prendre, pour terminer honorablement, pour
» moi, une mission que vous avez acceptée et qui vous
» a permis de juger si parfaitement ma loyauté et mon
» désintéressement exagérés.

» Je n'ai pas la pensée de vous adresser des repro-
» ches, messieurs, cependant je ne puis me dispenser de
» constater que, depuis le jour de mon arrestation, le
» 17 février, je n'ai reçu ni de M. de Germiny, ni de vous
» une communication quelconque. Un homme frappé
» de mort civile aurait été traité avec plus d'égards.
» Mais je sais que M. de Germiny, comme vous-même,
» avez été empêchés par l'autorité... Le malheur a des
» droits à la pitié, la probité au respect, je n'ai obtenu
» ni l'un ni l'autre, et cependant qui plus que moi les
» méritent?

» Hélas ! ce que dans ce moment suprême, je devrais
» demander comme un droit, je vous l'adresse comme
» une prière. Je voudrais que vous vous entendissiez
» avec moi pour cette question, dont, à aucun prix, je
» n'accepte la responsabilité, et je ne doute pas que

13.

» la droiture de votre cœur ne comprenne les sentiments
» qui m'agitent.

» Vous voudrez bien, messieurs, vous munir d'une
» permission pour me voir, et, en outre, vous faire
» autoriser spécialement à causer librement et sans
» l'assistance d'un surveillant, comme j'y suis con-
» damné lorsque je vois ma famille, et à plus forte
» raison cette surveillance est-elle maintenue si, par
» une exception bien rare, un étranger à ma famille
» me rend visite.

» Veuillez, etc.

» J. MIRÈS. »

Cette lettre est restée sans réponse.

L'accusation telle que le juge d'instruction l'a résumée dans l'assignation qu'il a donnée pour l'audience
du 6 juin, ne reproduit plus les cinq griefs qui avaient
pour base la dénonciation de M. de Pontalba, et qui
avaient fait l'objet de l'interrogatoire du 17 décembre
1860.

Trois de ces griefs sont abandonnés, ce sont :

1º Le grief relatif à un faux en écriture de commerce qui ne soutenait pas le plus léger examen :
C'était une opération *à la baisse faite pour mon compte le
1er mai* 1859, *le jour même de la liquidation d'office des
clients*, opération qui m'avait constitué en perte d'une

somme considérable, et cette perte,.par erreur, avait été portée au compte de la maison. Ce fait m'avait été signalé par M. Solar, et immédiatement il avait été rectifié ; cette rectification datait du mois de juin 1860, six mois avant la dénonciation de M. de Pontalba. Elle avait même fait l'objet d'une écriture explicative.

2° Le grief relatif à un faux en écriture de commerce, consistant à avoir fait payer par la maison le compte des coupons numéro 2, s'élevant à 760,000 fr., alors que les gérants devaient en être chargés. Or, le 31 décembre 1859, en faisant l'inventaire de fin d'année, j'avais abandonné à la Société les apports bénéficiaires que j'avais faits dans les Sociétés des Mines de Portes et du Gaz de Marseille et qui s'élevaient à 2,523,000 fr. — C'est sur cette somme que furent prélevés les 760,000 fr., montant du compte des coupons numéro 2.

L'excédant 1,763,000 fr. servit à solder les 25 fr. par action distribués aux actionnaires pour l'exercice 1859.

3° Le grief relatif à l'émission de douze millions de promesses d'obligations de Marseille au lieu de dix millions autorisés par les statuts ; ce grief, abandonné d'un côté est reproduit de l'autre, à l'occasion de l'émission des obligations du chemin de fer de Pampelune à Saragosse.

Il ne restait donc de la dénonciation de M. Pontalba, que les deux faits suivants :

1° La liquidation d'office des clients, opérée les 30 avril, 2 et 3 mai 1859 ;

2° La vente par M. Mirès des actions de la Caisse générale des chemins de fer dont le produit a été versé à la caisse pour les besoins sociaux.

Mais il paraît que l'examen des livres et le rapport des experts ont fait surgir de nouveaux sujets de culpabilité, car ils sont maintenant au nombre de sept.

Seulement ces griefs nouveaux, comme les anciens, sont tous des preuves de ma probité ; car ce sont des actes accomplis pour la conservation des intérêts dont j'étais le représentant.

Voici, du reste, les termes même de l'acte d'accusation formulé par le juge d'instruction :

MM. Mirès et Solar sont prévenus :

« 1° De s'être, en avril et mai 1859, en employant
» des manœuvres frauduleuses pour faire naître la
» crainte d'un événement chimérique, fait remettre des
» sommes d'argent par un certain nombre de clients de
» la Caisse générale des chemins de fer, et notamment
» de s'être fait remettre 6,567 fr. par Ducros, 9,826 fr.
» par Damer, 4,883 fr. par Martin, 8,089 fr. par Pi-
» naud, 2,879 fr. par Tersouly ; des quittances, dé-

» charges et arrêtés de compte opérant obligations
» par le vicomte d'Aure, Courtois, veuve Desprez,
» Deslay, Petit-Jean et autres, et d'avoir ainsi es-
» croqué tout ou partie de la fortune d'autrui ;

» 2º D'avoir, à la même époque, dans les mêmes
» circonstances, à l'aide des mêmes manœuvres frau-
» duleuses, pour faire naître la crainte d'un événement
» chimérique, tenté de se faire remettre des fonds,
» quittances ou décharges, par MM. Beauvais, Dreyfus,
» Debray, Lefort, Dethierry et autres, et d'avoir tenté
» d'escroquer tout ou partie de la fortune d'autrui ;

» 3º D'avoir, en 1857 et 1858, dissipé et détourné
» au préjudice de la Caisse générale des chemins de
» fer et d'un certain nombre de clients de cette Société,
» des titres d'actions de ladite Caisse, qui ne leur avaient
» été remis qu'à titre de dépôts, de mandats, et à la
» charge de les rendre ou d'en faire un usage ou un
» emploi déterminé ;

» 4º D'avoir en 1860, détourné et dissipé aux
» actionnaires de la compagnie du chemin de fer de
» Saragosse à Pampelune, une somme de 9,151,750 fr.,
» qui ne leur avait été remise qu'à titre de mandat,
» à la charge d'en faire un usage et un emploi déter-
» minés ;

» 5º D'avoir, à la même époque, détourné et dissipé
» des deniers qui ne leur avaient été remis qu'à titre
» de mandats, à la charge d'en faire un emploi déter-

» miné et de les rendre et représenter, et ce au préju-
» dice de souscripteurs d'obligations du chemin de fer
» de Pampelune, notamment des sieurs Courtier, Fla-
» merant, Blanchet, Judet, Lévis, Gromard, Rozier,
» Legendre, Hervieux ;

» 6° D'avoir, depuis moins de trois ans, détourné et
» dissipé des actions et obligations et autres titres
» et valeurs qui ne leur avaient été remis qu'à titre de
» dépôt et de mandat, à la charge de les rendre et
» représenter, et ce au préjudice d'un certain nom-
» bre de clients de la Caisse générale des chemins
» de fer, notamment de la demoiselle Andry, de la
» demoiselle Grandjean, de la demoiselle Delolage, de
» la veuve Bertrand et du sieur Ballier.

» 7° D'avoir, depuis moins de trois ans, étant gé-
» rant de la société en commandite par actions ayant
» pour raison sociale : « J. Mirès et Cᵉ, » et connue sous
» la dénomination de : « Caisse générale des chemins
» de fer, » opéré, au moyen d'inventaires frauduleux,
» la répartition, entre les actionnaires, de dividendes
» non réellement acquis à ladite Société,

» MM. le comte Siméon, sénateur, demeurant quai
» d'Orsay, 23 ; le comte de Poret, rue d'Anjou-Saint-
» Honoré, 4 ; baron de Pontalba, rue Saint-Geor-
» ges, 58, et le comte de Chassepot, hôtel Choiseul,
» rue Saint-Honoré,

» Sont cités comme civilement responsables pour

» avoir, étant membres du conseil de surveillance de
» la Société de la Caisse générale des chemins de fer,
» consenti, en connaissance de cause, à la distribution
» de dividendes non justifiés par des inventaires sin-
» cères et réguliers,

» Et sciemment laissé commettre dans les inven-
» taires des inexactitudes graves et préjudiciables à la
» Société ou aux tiers. »

RÉPONSE A L'ACCUSATION

———

Les deux premières accusations n'en représentent
qu'une : elles se rapportent toutes les deux au même
objet, la liquidation des clients opérée les 30 avril, 2
et 3 mai 1859, dans la crainte d'une guerre générale
qui devait amener une plus forte dépréciation des
cours.

Cette crainte que j'éprouvais au début de la guerre,
avant notre première victoire, l'Empereur a déclaré
hautement qu'elle était fondée, même après Magenta,
même après Solferino, et qu'il en avait tenu compte
en signant la paix de Villafranca.

Voilà cependant ce que l'accusation qualifie d'événement chimérique, inventé par moi pour réaliser une escroquerie !

Ce que je puis répondre de plus concluant à une accusation pareille, c'est de placer ici le tableau comparé des cours de la Bourse du 30 avril au 9 mai 1859.

Avril	Rente.		Caisse.		Mobilier.		Autrich.		Lyon.	
30	61	40	180		530		370		750	
Mai.										
2	61	35	175		520		347	50	750	
3	60	55	167	50	505		328	75	740	
4	61	05	165·		515		335		745	
5	60	95	150		505		327		712	50
6	60	95	152	50	515		332	50	727	50
7	61		157	50	517	50	345		733	75
9	60	85	168	75	517	50	345		736	25

La baisse qui a suivi les 30 avril, 2 et 3 mai explique les nombreuses lettres d'adhésion que j'ai reçues, comme la hausse qui a suivi le 9 mai explique les réclamations qui se sont produites plus tard et auxquelles il a été fait droit ; c'est, du reste, la confirmation de l'opération désastreuse, pour la Société, que les gérants avaient faite sans aucun intérêt pour eux et uniquement dans une pensée d'utilité pour les clients.

Si cependant on pouvait démontrer que je n'agissais pas sincèrement ; que, pendant que j'agissais dans un sens pour les clients, j'avais opéré dans un sens contraire, soit pour mon compte personnel, soit pour le compte de la maison ; si, en un mot, les autres affaires que j'avais engagées étaient en contradiction avec ma conduite à l'égard des clients, c'est-à-dire si je faisais des opérations à la hausse, il y aurait là, je le reconnaîtrais, une preuve de duplicité. Mais, sous ce rapport, les faits parlent avec une éloquence irréfutable.

Ainsi que je l'ai indiqué dans les passages supprimés du rapport préparé pour l'assemblée du 28 janvier 1861, la dénonciation de M. de Pontalba avait signalé un prétendu faux en écriture de commerce, et cette dénonciation s'appliquait précisément à une opération à la baisse que j'avais faite pour mon compte personnel *le 1er mai* 1859, pendant la liquidation des clients, opération qui m'avait constitué en perte de 206,100 fr.

Ce n'est pas tout encore ; les opérations engagées pour le compte de la maison à la même date, étaient également à la baisse.

Liquidation des clients, opérations personnelles, opérations sociales, tout reflétait la même pensée la même conviction. Or, si j'ai usurpé un droit en liquidant d'office des clients, il faut convenir que je l'ai fait de bonne foi : je puis dire qu'au point de vue de l'honneur, de la loyauté, ma justification est complète.

Il est essentiel de considérer, en effet, que pour le plus grand nombre des clients, les avances sur titres avaient été faites à une époque où les valeurs étaient à un cours élevé, de sorte que leurs comptes débiteurs dépassaient en général la valeur de leurs titres ; je n'agissais donc que pour la conservation de leurs intérêts, puisque c'était pour eux presque l'unique chance, en reprenant en baisse leurs valeurs, de leur faire ainsi une moyenne de prix moins élevée.

Une autre considération capitale devait éloigner toute interprétation fâcheuse : c'est la situation même qui était faite aux clients exécutés.

En effet, que la vente ait été faite les 30 avril, 2 et 3 mai, ou qu'elle ait été supposée, comme le dit l'accusation, il n'en résulte pas moins que la lettre d'avis adressée aux clients et le bordereau qui l'accompagnait, mettaient les clients en possession d'un engagement qu'ils pouvaient invoquer avec raison si la baisse se prolongeait. D'un autre côté, si, au contraire, la hausse se produisait, comme la vente avait été faite sans autorisation, les clients exécutés se trouvaient en droit de refuser l'opération et de profiter de la hausse. Cet avis d'exécution, la lettre et le bordereau qui l'accompagnaient, donnait donc aux clients une situation exceptionnellement favorable ; et, en définitive, si quelqu'un faisait, dans la circonstance, une opération funeste, c'étaient les gérants de la caisse, puisque la caisse avait contre elle les chances de la hausse sans avoir le bénéfice de la baisse.

Comprend-on qu'un membre du conseil de surveillance ait dénoncé cet acte comme nuisible aux clients? J'aurais compris au contraire qu'il l'eût blâmé au point de vue des intérêts de la caisse générale des chemins de fer.

Quoi qu'il en soit, il a suffi qu'on m'ait exprimé des doutes sur le droit dont j'avais cru pouvoir user, pour que j'aie décidé que les clients seraient rétablis dans leur situation antérieure à l'exécution. C'est pendant que ce travail s'accomplissait que j'ai été arrêté; et il a même été remis aux experts un état général qui était préparé pour régulariser ce changement en faveur des clients exécutés, et c'est de ce travail même que les experts se sont servis pour établir le leur.

« Mais, dit encore l'accusation, ces titres que vous
» disiez avoir vendus les 30 avril, 2 et 3 mai, vous ne
» les aviez plus, ils avaient été vendus à une époque
» antérieure, et vous deviez aux clients les prix que
» vous en aviez obtenus; votre opération était donc
» purement fictive et les précautions que vous avez
» prises, en faisant une opération simulée par les
» agents de change Marion et Norzy, prouvent que
» vous connaissiez toute la portée de vos actes. »

Ainsi, l'accusation ne paraît pas me contester le droit de vendre comme je l'avais fait, et cela uniquement, sans doute, parce que depuis la vente, les actions avaient baissé, car si les actions avaient suivi un mouvement ascensionnel, évidemment les clients auraient repoussé une vente qu'ils n'avaient pas autorisée !

Quant à avoir fait des ventes fictives par l'intermédiaire d'un agent de change, la réponse est bien simple.

Des ventes fictives ! Et d'abord, une grande partie des valeurs vendues a été effectivement livrée et, pour celles-là, la vente a été réelle ; mais, en définitive, et c'est là le principal, ces ventes étaient réelles pour les clients qui avaient en mains une lettre d'avis et un bordereau de vente qui engageaient la société ; elles n'étaient pas fictives pour les clients, qui en cas de baisse, en profitaient et avaient un acte dans leurs mains qui établissait leurs droits. Mais ces ventes faites sans droit devenaient attaquables en cas de hausse. Ainsi, quel que soit l'aspect sous lequel on envisage la question, on ne trouve pas une seule chance favorable pour la société et tout tournait en faveur des clients !

Quant à l'intervention des agents de change, elle avait simplement pour effet de me fournir une pièce comptable et non de me créer un droit; car le bordereau de ces officiers ministériels ne changeait pas le caractère des ventes; il ne justifiait pas les droits qu'auraient eu les gérants à agir comme ils l'ont fait, et il ne pouvait venir à la pensée de ceux-ci de s'en faire une arme contre les clients. Outre que cette pièce était sans valeur pour les gérants, il faut ajouter que jamais elle n'a été invoquée pour résister aux réclamations des exécutés qui, lorsque la hausse est survenue, ont revendiqué leurs droits.

La troisième accusation consiste à avoir vendu des actions de la caisse générale des chemins de fer appartenant à la société et aux clients; ces ventes faites par les gérants, dit l'accusation, s'élèvent à 21,247 actions. Les ventes ont commencé en août 1857 et ont fini en septembre 1858. Les ventes, pendant cette période, toujours d'après le rapport des experts et de la dénonciation, se sont divisées ainsi :

Par Mirès . . . . 12, 608 actions
Par Solar 8, 639
Ensemble 21, 247

Je dois dire tout de suite que ces ventes, les seules dont il soit question dans le rapport de l'expert, ne sont pas les seules affaires qui aient été faites sur les actions de la Caisse des chemins de fer depuis le mois d'août 1857. Cependant, je bornerai provisoirement mes explications à ces 21,247 actions, afin de faire ressortir l'inexactitude foi du rapport de l'expert ; puis ensuite j'exposerai l'affaire dans son ensemble, et au lieu d'un bénéfice, de fr. 2,553,000, il sera démontré d'après la comptabilité que l'opération a donné de la perte. Résultat facile à comprendre, si l'on admet que l'affaire des caisses a été faite dans l'intérêt et pour la conservation du crédit de la Société.

La dénonciation de M. de Pontalba et sa déposition comme témoin, disent que ces ventes ont été faites dans l'intérêt personnel des gérants, qui, après avoir vendu, ont avili les cours pour reprendre à bas prix et réaliser ainsi un bénéfice illicite. C'est le système adopté par l'expert et par l'accusation.

Ni M. de Pontalba, ni les experts, n'ont cité un seul rachat fait dans les bas prix; d'un autre côté, il est constant que les ventes faites par moi, ont eu pour but unique de satisfaire aux besoins sociaux; mais de part ni d'autre de simples allégations ne peuvent suffire.

Il faut une justification pleine et entière, et l'on va voir à quel point l'opération incriminée atteste mon désintéressement et ma sollicitude pour les intérêts qui m'étaient confiés !

La Société avait à sa disposition 5,852 actions qui provenaient d'une insuffisance dans la souscription du capital social. Le cours de ces actions était en 1856 et dans les premiers mois de 1857 de 600 à 550 francs. Et, en août, lorsque les ventes ont commencé, les prix n'étaient plus que de 405 francs.

C'eût été une singulière spéculation que de commencer la vente après une baisse de 200 francs par action !

Si j'avais voulu spéculer sur les actions de la *Caisse générale des chemins de fer*, j'aurais pu le faire à mon profit sans mettre personne dans la confidence de cette opération bête et coupable. — Bête, parce que la représentation du crédit de la Société est dans le prix des actions ; coupable, parce que, affaiblir le prix des actions, c'était compromettre le capital dont la gestion m'était confiée.

Si j'avais voulu spéculer, cela m'était facile ; je n'avais qu'à vendre à terme. Cette opération n'eût été connue de personne, elle ne m'aurait pas obligé à retirer des actions du portefeuille, et elle m'aurait dispensé de créer sur les livres un compte spécial pour les coupons payés en double, c'est-à-dire payés à la fois aux clients à qui appartenaient les titres et aux porteurs nouveaux auxquels ces titres avaient été vendus.

On comprend, au contraire, combien était grand le danger, pour une pensée coupable, d'initier tous les employés à la connaissance de faits qui auraient eu un caractère frauduleux.

J'aurais pu encore emprunter des titres à la Caisse, sans en verser le montant ou la contre-valeur ; tous les jours des banquiers empruntent des titres, et, par un report, ils continuent leur opération, ou ils restituent les titres empruntés.

Mais ce n'était pas de cela qu'il s'agissait pour moi ; je ne cherchais pas à spéculer pour mon compte ni même pour celui de la Caisse ; je voulais tout simplement procurer à celle-ci l'argent comptant dont elle avait besoin pour subvenir à ses engagements.

Quant à moi, je n'ai JAMAIS fait une spéculation personnelle sur les actions de la *Caisse des chemins de fer* : d'abord parce qu'il eût été odieux et stupide de faire une spéculation à la baisse sur une valeur dont les prix plus ou moins élevés étaient le thermomètre de mon propre crédit, ensuite parce que j'avais interdit ces sortes d'affaires à tous ceux qui m'entouraient, et que je ne pouvais ni ne voulais leur en donner l'exemple.

L'accusation, pour établir que j'ai fait une spéculation personnelle, devait naturellement prétendre que j'avais profité des bas prix auxquels les actions étaient tombées en 1859, pour racheter celles que j'avais vendues et réaliser un gros bénéfice. Du moment qu'on admet que l'opération est une spéculation personnelle, les suppositions que les gérants ont racheté dans les bas prix devient la présomption nécessaire de l'accusation.

Mais, par une contradiction inconcevable, l'accusation, après avoir dit que j'ai profité des bas prix pour acheter et n'avoir fourni aucune preuve à l'appui, semble reconnaître que les rachats ont eu lieu en décembre 1859 et décembre 1860, c'est-à-dire à deux époques où la prospérité était revenue dans la Société.

1º En décembre 1859, après la conclusion de l'affaire du chemin de Pampelune à Saragosse qui procurait à la Société un bénéfice de plus de 9 millions, et après l'abandon que j'avais fait de mes apports bénéficiaires dans les Sociétés des mines de Portes et du gaz de Marseille, abandon qui équivalait à environ 2 millions, ce qui constituait en faveur de la Caisse, avec le bénéfice sur le chemin de Pampelune, une plus-value d'environ 11 milions ou 110 francs par action.

Ces améliorations avaient relevé le cours des actions qui, de 150 francs où elles étaient tombées en mai 1859, étaient remontées en décembre à 300 francs. C'est dans ces prix que les premiers achats ont été faits vers la fin de l'année 1859 ; l'accusation le reconnaît.

2º Les seconds achats ont eu lieu en décembre 1860, ils ont commencé le 3 décembre, avec la prospérité que faisait présager l'emprunt ottoman, et se sont continués jusqu'au 17 décembre et sont constatés sur les livres.

Mais, pour continuer à raisonner dans les idées mêmes de la dénonciation et de l'accusation, examinons à quel moment aurait pu me venir la pensée coupable de faire, de ces ventes une spéculation.

Est-ce au début de l'opération ?

Ou :

Cette pensée s'est-elle produite pendant la durée de l'opération ?

Si ma pensée eût été de faire une spéculation, mieux eût valu, comme il a été dit plus haut, vendre à terme. Il est même certain que si cette pensée coupable m'était venue au début, j'aurais eu un grand intérêt à la dissimuler, et sans doute j'aurais eu recours à des moyens propres à dérouter les soupçons. Non, je fais tout le contraire; j'étale ma prétendue culpabilité devant mes employés; je l'inscris sur mes livres par la création d'un compte spécial à cette vente, par le compte de coupons nº 2. C'est qu'en effet je ne songeais guère à dissimuler mon opération, puisqu'elle n'avait aucun caractère frauduleux, et qu'elle ne m'était inspirée que par la nécessité de satisfaire aux besoins urgents de la Caisse générale des chemins de fer.

Si la pensée de faire une spéculation ne s'est pas produite au début de l'opération, s'est-elle révélée plus tard ?

Alors, on va la retrouver dans le rachat à bas prix des actions vendues. — Nullement, ces rachats n'ont lieu que dans les mois de décembre 1859 et 1860, en pleine prospérité, au prix moyen de 375 fr. 45 c., en comptant la charge des coupons.

Il est donc bien démontré que ni au début, ni durant l'opération, la pensée coupable de faire de ces ventes une spéculation ne m'est venue.

L'expert et la dénonciation prétendent cependant qu'après avoir vendu les actions de la caisse dans un intérêt personnel, j'aurais, pour rendre la spéculation plus profitable, employé des moyens *énergiques* afin d'avilir le prix des actions.

Or, l'accusation elle-même reconnaît que les achats ont commencé en décembre 1859 ; que sur les actions provenant de l'exécution, 3,500 actions qui coûtaient à la maison environ 175 fr., avaient été portées au compte de Mirès le 30 novembre 1859, six mois après l'exécution, au cours de ce jour, à 232 fr. 50 cent.

Quant aux achats faits en décembre 1860, au prix moyen de 390 fr., l'expert les a passés sous silence.

Voici, du reste, le prix véritable des rachats, avec les charges que cette opération a entraînées. Ce travail a été fait avec les livres. Je dois rappeler encore que je limite provisoirement mes démonstrations aux 21,247 actions de la Caisse, comprises en même temps dans la dénonciation et dans le rapport de l'expert :

1859.

Avril, 15 . . .	1°	1,005 actions à 300 fr.		301,500 fr.
Novembre, 30.	2°	3,500	—	232 fr. 50	813,750
Décembre, »	3°	9,185	—	295	2,709 575
1860.		200	—	500	100,000

| Août, | » | 4° 1,505 | — | 310 | 466,550 |
| Décembre, | » | 5° 5,852 | — | 390 | 2,282,280 |

6° Payement par le gérant du compte de coupons n° 2,   760,175

7° En outre trois années d'intérêt à 25 fr. sur 5,852 actions dont le compte Mirès est chargé.   432,295

8° Frais d'achats et vente des 42,494 actions   30,000

Coût dse rachats limités aux 21,247 actions .   7,896,425 fr.

Soit en moyenne 371 fr. 65 c. par action.

Ainsi, les 21,247 actions de la Caisse ont été rachetées au prix moyen de 371 fr. 65 c., différence nulle avec le prix des ventes, qui a été en moyenne de 372 fr. (Voir le tableau spécial).

Cependant, la dénonciation et l'expert disent que j'ai employé des moyens énergiques pour avilir les prix, mais ne disent pas quels ont été ces moyens énergiques.

La déconciation et l'expert disent encore que j'ai profité des bas cours pour racheter, et on ne peut prouver un seul achat à bas prix.

L'expert s'en tient à de simples allégations. Mais ce quil laisse complétement dans l'ombre, ce sont les besoins de la Société, dans l'année 1857, et les achats opérés en décembre 1860 !

On ne pouvait nier les **engagements contractés dans le deuxième semestre de 1856**, notamment pour l'emprunt espagnol de 800 millions de réaux, soit 90,000,000 de francs, payables en huit mois de terme, c'est-à-dire 11,000,000 par mois, à partir du mois de janvier 1857.

On ne pouvait nier les mesures restrictives qui ont affaibli le marché depuis le 1er janvier 1857, notamment par le droit d'entrée à la bourse.

On ne pouvait nier l'insuccès dans le mois de janvier 1857, de la souscription pour l'emprunt espagnol, qui ne s'est élevé qu'à 28 millions sur 90 millions, ainsi que le constatent les livres.

Evidemment il y avait là des causes d'embarras financiers; ni la dénonciation, ni les experts, ni l'accusation n'en tiennent compte. Cependant la force des choses et la puissance de la vérité ont arraché la constatation de ces embarras financiers au juge d'instruction lui-même dans l'interrogatoire du 17 mai. — « On n'a pas lieu d'ailleurs de s'en étonner, lorsqu'on » sait dans quel embarras, dans quelle pénurie de » ressources se trouvait la caisse des chemins de fer » depuis 1857. »

Les causes de la baisse, d'après les experts et l'accusation, proviennent des ventes opérées, et cependant l'expert prétend que le prix moyen des ventes commencées sur le cours de 400 fr. est de 381 fr. Quelle contradiction! Si les ventes ont amené de la baisse, les achats ont produit la hausse et partant il y a compensation.

Revenons à la vérité sur les causes effectives de la baisse qui ont été nombreuses; les unes étaient inhérentes à un ensemble de choses qui s'est produit depuis 1857; d'abord aux dispositions défavorables des pouvoirs publics contre la Bourse, à la politique, à la guerre, enfin à toutes ces causes il faut ajouter celles qui sont spéciales aux affaires mêmes de la Caisse des chemins de fer.

Ces causes spéciales sont d'abord la loi contre les sociétés en commandites, les poursuites contre les gérants, la défiance générale contre ces sortes de sociétés par suite d'abus qui avaient eu lieu. Or, j'étais la personnalité la plus saillante de ces sociétés par la multiplicité des entreprises que j'avais fondées et dont j'étais le gérant;

L'insuccès de l'emprunt espagnol, en janvier 1857, exerça également une fâcheuse influence sur le cours des actions de la Caisse; à cause de l'importance des engagements contractés et de leur échéance rapprochée; le procès perdu devant le tribunal de commerce de la Seine, en mai 1857, contre une classe d'individus qui avaient exploité la souscription aux actions des chemins de fer romains. A ces causes spéciales qui se sont produites en 1857, il convient d'ajouter l'avertissement donné en mai 1857 au *Journal des chemins de fer*. Cet avertissement était conçu en des termes si durs, qu'il indiquait clairement l'hostilité dont la Caisse des chemins de fer était l'objet ;

Pour 1858 et 1859 les causes spéciales de baisse pour les actions de la Caisse ont été plus graves encore et plus directes.

D'abord des difficultés pénibles survenues dans les premiers mois de 1858, avec le ministre des travaux publics, à l'occasion des travaux de Civita-Vecchia, de Marseille et de l'entreprise de la vieille ville de Marseille ; difficultés aggravées par le décret rendu le 22 mai 1858, contre les valeurs étrangères, qui a mis en péril l'existence même de la Caisse des chemins de fer. C'est sous l'influence de ce décret que les actions tombent du cours de 350 fr. où elles sont le 6 mai 1858, à 315 fr. à la fin de ce même mois, à 295 fr. en juin, et à 290 fr. en juillet; pour se relever, en août à 320 fr., en septembre à 355 fr., précisément sous l'influence des mesures autorisées par le gouvernement, pour permettre aux chemins de fer romains d'échapper aux conséquences rigoureuses du décret du 22 mai 1858, et de pouvoir négocier les d'obligations des dits chemins.

Pour 1859, les causes spéciales de baisse sont encore très-graves; j'avais été autorisé à modifier le capital social des chemins romains, afin de me conformer au décret du 22 mai 1858, et l'assemblée des actionnaires du 25 août suivant avait donné son adhésion à ces changements. Cette décision approuvée par le gouvernement français, rencontrait à Rome des difficultés insurmontables, qui pouvaient entraver l'exécution de cette mesure de salut. En même temps une société rivale soutenait, devant le tribunal de commerce de la Seine, que la résolution de l'assemblée du 25 août 1858 n'était pas légale; et le tribunal de commerce, par un jugement rendu en février 1859, sanctionnait cette prétention et replongeait la Société dans des embarras qu'elle avait eu tant de peines à vaincre.

Les actions de la Caisse tombèrent alors à 310 fr.

On remarquera que la baisse des actions correspondait toujours à un événement fâcheux contre la Caisse des chemins de fer, ou contre les affaires qui dépendaient de cet établissement financier.

Ces causes véritables de la baisse des actions de 1857 à 1859, qui affaiblissaient le crédit de la Société, sont aussi l'explication des ventes que j'ai faites en 1857 et 1858 pour alimenter la caisse sociale.

Quant aux causes générales de baisse elles sont connues de tous, les mesures restrictives, la politique, la guerre, etc., ont affecté également des valeurs analogues; il suffit pour apprécier l'influence des événements généraux sur les cours de ces sortes de valeurs, de consulter leurs prix à diverses époques: ainsi, en mars 1857, les actions du Crédit mobilier sont à 1,490 fr., et, en mai 1859, elles n'étaient plus qu'à 505 fr.

Et, il faut considérer que le Crédit mobilier n'était pas dans une situation aussi difficile que la Caisse des chemins de fer; car il n'avait pas éprouvé, comme celle-ci, le contre-coup de l'insuccès de la souscription pour l'emprunt espagnol, du décret du 22 mai 1858 et des procès perdus devant le tribunal de commerce en 1857 et 1859.

Et cette baisse des actions de la Caisse, est-ce qu'elle n'aggravait pas la situation de la gérance en détruisant le crédit de la Société? est-ce qu'elle ne présentait pas, pour des gérants responsables, les plus graves inconvénients, puisque le discrédit que la baisse constatait empêchait toutes affaires nouvelles? Car il faut le répéter à satiété : pour les sociétés financières et surtout pour les sociétés en commandite, dont le capital est représenté par des actions, le thermomètre de leur valeur est précisément dans les prix plus ou moins élevés auxquels leurs actions se négocient. Soutenir que cette baisse a été faite par les gérants, c'est un véritable non-sens.

Si, comme il est démontré, les ventes ont eu lieu pour satisfaire aux besoins sociaux ; si la baisse des actions est le résultat des événements, si, comme cela est prouvé, je n'ai pas profité de cette baisse pour racheter les actions vendues en 1857 et 1858, je n'avais donc aucun intérêt à cette baisse qui, au contraire, compromettait mon crédit.

Du reste, les époques mêmes où les rachats ont eu lieu sont caractéristiques. J'ai racheté les actions vendues :

1° En décembre 1859 ;

2° En décembre 1860.

Ces achats prouvent que mon intérêt personnel n'était pour rien dans ces opérations et que je me préoccupais uniquement des intérêts sociaux. En effet, les achats faits en décembre 1859 correspondent avec la conclusion de l'affaire du chemin de fer de Pampelune à Saragosse, et les achats faits en 1860 sont contemporains de l'emprunt ottoman.

Il faut convenir que si j'ai employé des manœuvres pour faire baisser les actions de la Caisse, ces manœuvres ne m'ont pas profité, puisque je n'achète les actions que lorsque la prospérité est revenue dans la société, que lorsqu'elles ont atteint un prix élevé. Cependant, dit l'accusation, ces manœuvres vont avoir pour effet d'acheter à vil prix les actions vendues en 1857 et 1858, c'est l'affirmation qu'exprime l'accusation.

Je cherche les manœuvres, les achats à vil prix, et je ne trouve ni l'un ni l'autre ; quant aux causes de baisse, elles ont été indiquées, et quant aux achats, ils n'ont lieu que lorsque la situation de la Société est sensiblement améliorée et qu'elle rentre dans une voie de prospérité.

Voilà, il faut en convenir, une spéculation bien habilement conduite, qui laisse passer les occasions de réaliser le but qu'elle aurait eu à l'origine et qui attend pour faire ses achats que la prospérité de la Société, rétablie par moi-même, ait produit la hausse et déjoué mes prétendues manœuvres!

J'arrive maintenant au mois de décembre 1859, époque où les actions de la Caisse appartenant aux clients ont été réintégrées dans le portefeuille.

Il avait été établi sur les livres de la société un compte spécial pour les coupons payés en double; ce compte portait le titre de *coupons n° 2.*

La rentrée des actions des clients en décembre 1859, amenait naturellement le règlement du compte des coupons n° 2. |Ce règlement coincidait |avec l'inventaire annuel qui sert de base au compte-rendu à faire à l'assemblée et à la somme à distribuer aux actionnaires.

La seule affaire importante faite en 1859 était celle du chemin de Pampelune à Saragosse qui présentait un bénéfice de 9,151,750 fr. Mais ce bénéfice n'était pas réalisé et quoique les gérants aient le droit de distribuer les intérêts aux actionnaires, j'hésitais à cause des dispositions malveillantes dont je me savais l'objet; je craignais de leur donner l'ombre d'un prétexte, et, pour prévenir tout inconvénient je m'arrêtai au parti que voici :

En fondant les sociétés des mines de Portes et du gaz de Marseille, j'avais fait un bénéfice d'apports qui s'élevait à 2,523,000 fr., j'en fis l'abandon à la Société et je fis servir cette somme à solder le compte des coupons nº 2, s'élevant à 760,175 fr.; et l'excédant fut porté au compte créditeur de profits et pertes de la caisse comme bénéfice réalisé pendant l'année 1859. Cet excédant représentait 1,763,000 fr.

Si la pensée qui a présidé à la vente des Caisses eût été frauduleuse, si des manœuvres eussent été employées pour faire baisser les actions et assurer ainsi par leur rachat à bas prix un bénéfice illicite en ma faveur, je vais sans doute profiter de cet abandon de 1,763,000 fr. pour couvrir mon indignité en faisant compenser cet abandon avec l'opération des caisses ? Nullement, j'étais si éloigné de l'idée qu'on pût me supposer une intention coupable, que je n'ai pris aucune précaution et que je fis gratuitement l'abandon de cette somme de 1,763,000 fr.

J'agissais de la sorte à cause du désir que j'avais de faire un compte-rendu à l'assemblée qui allait avoir lieu, et de relever ainsi le crédit de la Société, au moment même où je préparais ma liquidation, où j'avais à négocier quarante millions de titres provenant du chemin de Pampelune à Saragosse, souscrits à forfait pour le compte de la Caisse des chemins de fer.

Ici se termine la discussion de l'accusation sur cette affaire.

J'ai dit que je m'étais placé au point de vue de l'accusation pour la discussion, que j'avais provisoirement limité cette discussion à l'opération restreinte aux 21,247 actions.

Maintenant il faut établir le doit et avoir de l'ensemble de l'affaire qui n'est pas limitée à 21,247 actions, mais qui porte réellement sur 27,566 actions vendues et sur 27,041 actions rachetées.

L'expert a passé sous silence les opérations les plus importantes faites sur les actions de la Caisse et les faits les plus importants, ceux qui donnaient à l'affaire des caisses sa signification véritable, l'intérêt de la Société.

J'ai dressé un tableau qui résume l'opération générale des ventes et des achats ; ce tableau n'a pas été fait avec des souvenirs, il est le résultat de la comptabilité qui a été à la disposition de M. Monginot. J'ai donc le droit de dire que si la vérité n'a pas été connue de la justice, c'est qu'elle ne lui a pas été révélée par M. Monginot.

Pour les ventes, M. Monginot a supprimé celles que j'ai faites en 1860 et 1861, et qui s'élevent à 6319 actions, ventes qui figurent dans les livres de la Société.

Pour les achats, il supprime également les 11,480 actions achetées en décembre 1860, qui figurent également sur les livres.

Pourquoi ces dissimulations? Est-ce parce qu'elles donnaient un démenti à la dénonciation et que l'accusation tombait.

Le tableau des rachats faits par M. Monginot se divise ainsi :

```
1860      5,860 au c. moyen de 285 15, ci.     1,512,625  »
août 1er  3,325 actions achetées à 263 75, ci.   876,988 75
  Id.       210    »        »     à 263 75, ci.    55,387 50
sept. 5   1,495    »        »     à 286 85, ci.   428,840 75
  Id.     6,857 }                 à 300   », ci. 1,857,100  »
  Id.     3,500 } 10,357 act.     à 232 50, ci.   813,750  »

          21,247 actions. . . . . . . . . . .   5,544,872  »
```

Le tableau affecte de ne s'appuyer que sur des pièces justificatives puisées, soit dans la cote officielle, soit dans les livres. Eh bien! tous les chiffres de rachat de M. Monginot sont inexacts, et ce qu'il y a de plus triste, c'est qu'ils paraissent l'être en connaissance de cause.

Le premier chiffre de ce tableau dressé par de M. Monginot consiste en 5,860 actions achetées en décembre ;

mais ce chiffre n'exprime qu'une partie des achats opérés pendant ce mois-là; et voici le motif pour lequel M. Monginot n'a pris dans les achats du mois de décembre qui se sont élevés à 9,185 actions, qu'une quantité de 5,860, c'est que les chiffres divers de son tableau s'élèvent à 15,387, et qu'en prenant tous les achats du mois de décembre 1859 il se trouvait en présence d'un chiffre d'achats s'élevant à 24,572 actions, ce qui dérangeait le cadre qu'il s'était tracé et l'obligeait à s'occuper des opérations complètes auxquelles les actions de la Caisse avaient donné lieu, et notamment des 11,480 actions de la Caisse, achetées en décembre 1860, au prix moyen de 390 fr.

Le tableau, dressé *avec les livres* et qui défie toute contradiction, établit que les affaires générales faites sur les actions de la caisse se résument ainsi :

27,566 actions vendues depuis le mois d'août 1857 au prix moyen de. . . . . 350 fr. » c.
27,041 actions rachetées au prix moyen de. . 375   45

La différence est de. . . . . 25 fr. 45 c.

Cette différence, appliquée à 27,041 actions, donne une perte de 688,193 fr. 45 c. ! La dénonciation, l'expert et l'accusation prétendent que les gérants ont réalisé un bénéfice de 2,553,000 fr.

Voici, du reste, un résumé général des opérations faites sur les actions de la Caisse du tableau des chemins de fer, depuis le mois d'août 1857 :

EXTRAIT DU TABLEAU GÉNÉRAL.

VENTES.				RACHATS.			
		Actions.				Actions.	
1857.	Août.	5,500	2,205,500	1859.	Avril.	1,005	301,500
	Septemb.	5.801	1,388,365		Novemb.	3,500	813,750
	Décemb.	1,000	390,000		Décemb.	9,175	3,753,575
1858.	Janvier.	4,330	1,623,750	1860.	Août.	1,705	566,550
	Février.	584	216,080		Décemb.	11,646	4,539,000
	Mars.	600	219,000		Coupons et cour-		
	Mai.	500	167,500		tages.		1,222,470
	Juin.	937	268,800				
	Septemb.	3,975	1,415,877				
	Octobre.	25	8,875				
1860.	Août.	200	60,000				
	Septemb.	625	180,750				
	Novemb.	1,500	450,000				
1860.	Janvier.	94	26,202				
	Février.	2,900	1,030,887				
		27.556	9,651,081			27,041	10,152,845

Cours moyen.
350

Cours moyen.
375 45

La quatrième accusation, consiste à avoir détourné, au préjudice du chemin de Pampelune à Saragosse une somme de 9, 151, 750 fr. Ce bénéfice a été réalisé au profit exclusif des actionnaires de la Caisse gé-

nérale des chemins de fer, et voici la justification de
ce bénéfice :

Par décret royal de la reine d'Espagne, en date du
14 décembre 1859, les statuts de la société du chemin
de Pampelune à Saragosse ont été approuvés.

On lit à l'article 6 concernant les apports : « M. Sa-
» lamanca s'oblige à construire ce chemin évalué
» approximativement à 187 kilomètres 66 mètres, au
» prix de 200, 000 fr. par kilomètre de longueur ré-
» elle ; la subvention donnée par le gouvernement,
» résultant de la concession, reste la propriété de
» M. Salamanca qui en touchera le montant directe-
» ment aux caisses de l'État. »

On lit dans le rapport fait à l'assemblée tenue à Madrid, le 9 janvier 1860 :

« On a compté, pour la construction du chemin,
» 200,000 francs par kilomètre sur une longueur de
» 187 kil. 50 m. »

Dans les annonces pour l'émission des actions du
chemin de Pampelune, publiées le 31 mars 1860 on lit :

« Le prix du chemin fixé à forfait par les statuts et
» le traité de construction est de 200,000 francs par
» kilomètre. »

Aussi les actionnaires du chemin de Pampelune à
Saragosse n'ont pu formuler l'accusation que les experts ont relevée, car ils ont été prévenus avec un
surcroît de précautions du coût du chemin, qui, du

reste, au prix de 200,000 francs par kilomètre est de beaucoup moins cher que tous les autres chemins espagnols moins bien situés.

Si les actionnaires du chemin de Pampelune n'ont pas réclamé, qui donc a exprimé des plaintes ? Serait-ce, par exemple, le conseil d'administration ? Pas davantage.

Où donc les experts ont-ils trouvé les bénéfices de 9,151, 750 fr. réalisés sur cette affaire ?

Dans les livres de la Caisse générale des chemins de fer ; les causes de ces bénéfices ont été minitieusement indiquées dans un article passé le 31 décembre 1859 pour clore les écritures de cet exercice.

Dans cet article il est dit textuellement que par suite de l'achat fait du chemin de fer de Pampelune à Saragosse au prix de 145,000 francs par kil., et de l'apport opéré à la société moyennant 200,000 fr. par kilomètre, les 4/5 de ce bénéfice avec quelques bonifications d'intérêt montant ensemble à 9, 151, 750 francs appartiennent intégralement à la Caisse générale des chemins de fer.

Quant au 1/5 réservé dans l'affaire par le concessionnaire, M. de Salamanca, la preuve de cette attribution est inscrite à l'art. 8 des statuts, ainsi conçu :

« Les 55,000 actions sont entièrement souscrites et

appartiennent aux personnes ci-après dénommées dans les proportions suivantes :

M. de Salamanca, 1/5   11,000 ac.
M. Jules Mirès et Cie, représentants
la caisse générale des chemins de fer,
fer, 4/5   44,000
                                    Total.   55,000

Et voilà cependant une affaire que l'expert condamne en disant *que le bénéfice réalisé est contestable.*

Ma qualité de gérant et la responsabilité qu'elle entraîne, aurait justifié ma participation dans ce bénéfice ; en outre les engagements personnels pris pour opérer le placement des actions, étaient une nouvelle circonstance qui justifiait le conseil de gérance s'il s'était attribué un intérêt d'un tiers, de la moitié même dans cette affaire.

Les gérants ne l'ont pas fait, et comme dans le monde en général on est habitué à représenter les financiers avec des instincts cupides, l'esprit public cherchera une explication à ce désintéressement si peu en harmonie avec les idées du jour. Je suis donc obligé d'expliquer, par des motifs plausibles, un acte de désintéressement qui, pour la malignité publique, aurait un caractère suspect !

L'affaire du chemin de Pampelune a été faite dans le

deuxième semestre de 1859; à cette époque, je songeais à quitter les affaires, mais je ne pouvais opérer
une liquidation sans compromettre les intérêts de mes
actionnaires; je cherchais donc par quel moyen je
parviendrais à résoudre le problème suivant : liquider
sans le paraître et sans altérer le crédit de la société.

Ce résultat n'était pas facile à obtenir; je me souviens encore de la manière incrédule et dérisoire dont
furent accueillies mes premières ouvertures par les
personnes que je dus consulter; ce ne fut qu'après
de longues conférences que je fis agréer mes idées,
résumées du reste dans les résolutions adoptées par
l'assemblée du 31 janvier 1860, et qui sont ainsi
conçues :

I

« Le Conseil de gérance est invité à préparer le
» remboursement du capital social en valeurs et es-
» pèces sur les bases suivantes :

» 1° La portion du capital social représentée par les
» valeurs mobilières serait capitalisée à 5 0/0, de ma-
» nière à produire pour chaque action un revenu an-
» nuel de 25 fr.: c'est l'intérêt à 5 0/0 de la somme de
» 500 fr.

» 2° Il serait, en outre, remis un titre donnant droit
» à la répartition des autres portions de l'actif.

II

« Le Conseil de gérance est autorisé, lorsque la
» Caisse générale des chemins de fer aura été dégagée
» des conventions énoncées ci dessus, à modifier les
» statuts sociaux en réduisant le capital au moyen de
» l'amortissement sur les bases prévues par la précé-
» dente résolution, jusqu'à concurrence de 30 millions
» de francs, et à le fixer ainsi au moins à 20 millions,
» somme suffisante pour les opérations désormais
» restreintes de la Société et pour maintenir la Caisse
» comme établissement financier d'un ordre supérieur.

» A cet effet, tous pouvoirs sont dès à présent don-
» nés au Conseil de gérance pour fixer l'époque à la
» quelle la réduction du capital aura lieu et la quotité
» de la réduction, constater par acte authentique, en
» présence du Conseil de surveillance, cette modifica-
» tion des statuts, procéder à toutes publications lé-
» gales, déterminer les valeurs qui seront mises en
» répartition, fixer le mode, les formes et les conditions
» de cette répartition. »

Mais l'approbation des actionnaires à ces propositions ne suffisait pas pour atteindre le but que je poursuivais, car il fallait encore que les actes de la société
ne pussent donner prise à aucune contestation au

point de vue légal, et que la situation de la société fût excellente au point de vue financier.

La légalité des propositions était parfaite, nul ne pouvait obliger les gérants à faire valoir un capital plus considérable que celui qu'ils pouvaient utiliser, vu l'état restreint des affaires ; quant à la situation de la Société, c'était le côté dangereux, car le compte des opérations de bourse qui n'était pas soldé présentait une différence qu'il ne fallait pas divulguer et cependant présenter un bilan vrai, avec un actif supérieur au passif d'une somme relativement considérable, avec la réserve cependant de ne pas faire servir ce surcroit d'actif au payement d'un dividende et de m'en tenir au service pur et simple des intérêts.

Sous l'empire de ces considérations, qui avaient à mes yeux le caractère de la nécessité pour atteindre le résultat auquel j'étais résolu d'arriver : ma retraite, j'arrêtai les résolutions suivantes, qui servirent de base aux écritures passées le 31 décembre 1859 :

1° Renoncer à participer au bénéfice réalisé entre le prix d'achat à 145,000 fr. le kilomètre et le prix de vente à 200 000 fr. pour le chemin de fer de Pampelune à Sarragosse, bénéfice évalué à...................... .... 9,151,750 »

2° Abandonner aux actionnaires de la *Caisse générale des Chemins de fer* les apports bénéficiaires des sociétés des Mines

Report........ 9,151,750 »

de Portes et du Gaz de Marseille, que j'avais fondées, et dont j'étais le gérant responsable avant leur transformation en sociétés anonymes.—Ces apports bénéficiaires figuraient encore en 1859 au passif de la *Caisse générale des Chemins de fer.*

Lorsque je donnai l'ordre à M. Barbey-Devaux, mon chef de comptabilité, de préparer en conséquence les écritures de la fin d'année, ce comptable me fit observer que ces apports étaient ma propriété, et il me proposa de les porter à mon crédit ; je persistai dans les instructions données.

Ces apports bénéficiaires, dont je faisais un abandon gratuit aux actionnaires de la Caisse présentaient les résultats suivants :

Pour la société des mines de Portes et Sénéchas............ 1,761,598 fr. 70 c.

Pour la société du gaz de Marseille 761.817 20

Ensemble...... 2,523,415 fr. 90 c.

Mais en même temps que je faisais cet abandon, je donnais l'ordre au chef de la comptabilité de solder, avec ces apports, le compte des coupons n° 2, provenant du coupon payé en double par suite des caisses que les gérants avaient vendues ; ce

Report........ 9,151,750 »

compte s'élevait, au 31
décembre 1859, à...   760,175   »

Abandon net, au profit des actionnaires de
la Caisse générale des chemins de fer.....   1,763,240   93

3° Toujours sous la même influence et
pour que la situation financière fut plus
brillante sans cesser d'être vraie, je modifiai la valeur de la clientelle. En 1853,
alors que la Société n'avait pas pris le développement qu'elle a acquis, alors qu'elle n'avait
qu'une clientelle restreinte et le *Journal des
chemins de fer*, cet apport avait été évalué à
un million.

Depuis cette époque, le conseil de gérance
avait agrandi cette clientèle, des sociétés
des Ports, du Gaz de Marseille, des chemins
romains, du chemin de Pampelune ; sociétés dont le mouvement de fonds annuel ne
devait pas être moindre de 16 millions. Et
en admettant un bénéfice de 1 p. 100 sur
les différences d'intérêt et la commission, il y
avait de ce chef un surcroît de revenus
fixe de 160,000 fr. par an. Pour ce motif
j'avais cru être dans le vrai en élévant d'un
million la valeur de la clientelle, ci.......   1,000,000   »

4° Enfin les terrains de Chaillot avaient
acquis une plus-value, ainsi que ceux de Marseille, l'utilisation de l'hôtel des Princes en un
passage, etc., etc., avaient déterminé un
accroissement de valeur sur les 8 millions
d'immeubles, de....................   1,062,899   64

Total..........   12,977,890   63

C'est en opérant ainsi que je parvins à liquider le compte d'opérations de bourse sans affaiblir le crédit de la Société au moment même où j'allais proposer de réduire le capital social.

Voilà le véritable motif qui me fit renoncer :

1° Au droit que j'avais de participer pour une proportion même de la moitié dans le bénéfice de 9,151,750 fr. fait sur le chemin de Pampelune ;

2° Aux apports bénéficiaires acquis dans les sociétés des Mines des Ports et du gaz de Marseille.

Toutes mes prévisions s'étaient réalisées. L'assemblée du 31 janvier 1860 approuva toutes mes propositions et je crus avoir fait le premier pas vers une retraite que j'appelais de tous mes vœux.

Pourquoi ne l'avouerai-je pas? Ce n'est pas sans regret que j'ai renoncé à des avantages que je pouvais me faire, et à des avantages acquis; ce n'est pas sans résistance de la part de mon co-gérant et de mon chef de comptabilité que j'ai pu agir comme je l'ai fait; il fallait, pour résister, éprouver mes impressions, avoir la prescience des haines qui me surveillaient dans l'ombre; c'est pour fuir les responsabilités qui pesaient sur moi,c'est sous ces impressions que j'agissais ainsi; car je savais que l'erreur même ne me serait pas pardonnée!...

Or, nous étions à la fin de l'exercice 1859; le bénéfice sur le chemin de fer de Pampelune était définitif; mais je craignais une embûche sur la question de savoir ce qu'on appelait le bénéfice réalisé : fallait-il attendre que les actions fussent placées ; ou les traités, les actes, étant définitifs et le capital en titres rentré en portefeuille, pouvait-on sans danger prendre sur ce bénéfice, même pour payer l'intérêt du capital de la Société, sur le pied de 5 pour 100 ? Avec les dispositions que je connaissais, je ne l'osai pas; et les graves événements dont j'éprouve la douloureuse étreinte, me prouvent que j'avais bien deviné les intentions et les sentiments!

Voilà quelle était ma situation d'esprit; voilà sous quelle influence je fis l'abandon des apports bénéficiaires qui m'appartenaient, avec la seule réserve de les faire d'abord servir à solder le compte des coupons n° 2, comme je l'ai indiqué, et comme du reste les livres le constatent.

La cinquième accusation, s'applique à des souscripteurs aux obligations du chemin de Pampelune à Saragosse, auxquels il a été délivré de simples récépissés de la Caisse des chemins de fer, constatant leurs droits. Voici, du reste, les noms signalés par l'instruction judiciaire avec le nombre des obligations leur revenant ;

		Report.	68 oblig.
Courtier.	32 oblig.	Gromard	4
Flamermont. . .	29	Hervieux. . . .	20
Blanchet	3	Rozier	3
Lévis.	4	Legendre	3
	68 oblig.		98 oblig.

représentant une valeur de moins de 25,000 fr.!

Dans la dénonciation de M. de Pontalba il était dit que j'avais émis 12 millions d'obligations de la Société des ports de Marseille au lieu de 10 millions que les statuts avaient autorisés. Il paraît que la dénonciation s'appliquait également au chemin de Pampelune dont j'aurais émis plus d'obligations que les statuts ne le permettaient. Or, pour les ports de Marseille, les titres étaient signés par le receveur municipal de cette ville; pour le chemin de fer de Pampelune, les titres étaient signés par les administrateurs de ce chemin ; par conséquent l'aurai-je voulu, que je n'aurais pas pu délivrer plus de titres qu'il n'en avait été fabriqué et signé par le conseil d'administration.

Dans l'interrogatoire du 17 décembre j'avais expliqué l'origine de cette dénonciation à l'occasion des Ports de Marseille, et ces explications me paraissaient avoir satisfait le juge, puisque l'accusation avait abandonné ce grief. Je ne pensais donc pas qu'il dût se re-produire, au sujet des obligations du chemin de Pampelune.

Voici, du reste, le fait dans toute sa simplicité, tel, à peu près, que je l'ai raconté dans l'interrogatoire du 17 décembre 1860.

Lorsqu'une souscription est ouverte, le public qui s'y associe se divise en deux parties bien distinctes : l'une, la plus nombreuse, qui fait un placement ; l'autre, qui ne fait qu'une spéculation à courte échéance, c'est à dire jusqu'après la fermeture de la souscription, et qui vend immédiatement les titres attribués, afin de réaliser une prime. Ces souscripteurs-là sont généralement résolus à vendre, même à perte, plutôt que de conserver les titres; car leur métier de spéculateur exclut toute pensée d'immobiliser un capital quelconque dans une valeur de placement, comme les obligations, qui ne donnent pas matière à grandes fluctuations. Ces spéculateurs, qui jettent si promptement les valeurs sur le marché, com-promettent la stabilité des cours par leurs offres, qui se produisent juste au moment critique du verse-ment complémentaire.

Pour obvier à cet inconvénient, la Caisse des che-mins de fer avait distribué pour les ports de Marseille, 12 millions de Promesses d'obligations, soit 24,000 ré-cépissés d'obligations, au lieu de 20,000.

Pour Pampelune, la Caisse avait distribué 14 millions de PROMESSES d'obligations, au lieu de 12 millions 500,000 fr.; soit 56,000 récépissés d'obligations, au lieu de 50,000.

Puis, lorsque les spéculateurs se présentaient sur le marché pour vendre, ils trouvaient toujours un acheteur, et je reprenais ainsi successivement, au fur et à mesure des besoins de la Caisse des chemins de fer, l'excédant des récépissés distribués, et, en faisant une perte de 5 fr. par obligation, soit 30,000 fr., je satisfaisais tous les souscripteurs.

Quant à la caisse des chemins de fer, elle avait bénéficié d'une commission de 300,000 fr. pour cette émission; elle pouvait facilement faire ce sacrifice.

Si j'avais acheté les 6,000 obligations avec trop de précipitation, j'aurais élevé les cours à un taux exagéré, et puis, lorsque les achats auraient cessé, une forte baisse s'en serait suivie. Il était donc plus sage de prolonger les achats que de les précipiter.

Quant aux titres délivrés pour cet excédant, ce n'étaient pas des obligations des Chemins de Pampelune à Saragosse qu'on remettait, c'était tout simplement des récépissés de la Caisse générale des chemins de fer, constatant le droit aux obligations à livrer contre ces récépissés.

Il y avait dans cette manière d'opérer une équité

parfaite, et, je le répète, tous les intérêts étaient sauvegardés.

Du reste, le solde des obligations à livrer et que je faisais racheter tous les jours lorsque mon arrestation a eu lieu, ne dépassait guère 120 obligations, soit un capital de *trente mille francs* ! les Liquidateurs comme M. l'Administrateur provisoire, n'ayant jamais eu moins de 2,000,000 francs en espèces disponibles ; il était raisonnable de supposer que, représentant la gérance, ils s'empresseraient de régler cette misérable affaire.

Faut-il reconnaître que l'opération n'était pas régulière, qu'il eût mieux valu ne distribuer des promesses que pour le nombre correspondant aux obligations ? cela peut être. Quant à moi, dirigé par la nécessité de conserver le crédit d'un établissement financier exposé à faire d'autres souscriptions d'obligations, la Caisse des chemins de fer avait intérêt à ne pas laisser tomber le cours des obligations, et comme, en définitive, il n'y avait de préjudice que pour la caisse, nul ne pouvait y trouver à redire.

Certainement, on s'étonnera de ma persistance à considérer comme licite une opération blâmée par un juge d'instruction, mais cette persistance ne peut être une offense pour la justice, car je reconnais que dans cette voie l'abus conduirait à des conséquences fâcheuses, et que pour tolérer une opération semblable il faut qu'il soit bien établi que celui que se la permet ne peut échapper à un blâme qu'à la condition d'obéir à un sentiment d'équité, à la nécessité de conserver le crédit d'un établissement, sans aucun intérêt personnel et sans qu'il puisse y avoir aucun préjudice pour per-sonne. Et c'est précisément le cas.

Ferai-je en outre observer que pendant que la Caisse délivrai des récépissés d'obligations pour un excédant de somme de, 1,500,000 fr., elle avait en portefeuille 12 millions d'actions du chemin de Pampelune sans compter le capital de la Société !

La sixième accusation consiste à avoir utilisé pour les besoins de la Société, des actions et obligations appartenant à un certain nombre de clients et notam-ment les titres appartenant à

Demoiselle Audry, 3 obligations des Ports de Marseille, valeur représentative de fr.	1,500
Demoiselle Grandjean, 65 obligations des Ports de Marseille, valeur	32,500
Demoiselle Delaloge, 8 obligations des Ports de Marseille, valeur	4,000
Veuve Bertrand, 34 obligations des Ports de Marseille	17,000
Ballier à Blois, 30 lombards représentant une valeur de fr.	7,500
Total	62,500

Voilà l'accusation, voilà ce qu'a produit l'examen le plus sévère de ma gestion, voilà cependant ce qui a amené tant de malheurs et de ruines; et dans toutes ces accusations on ne trouve pas un seul fait qui se rattache à mon intérêt personnel!

La première et la seconde accusations, c'est la liquidation des clients de la maison dans la prévision de la baisse.

La troisième accusation, c'est une vente d'actions de la Caisse des chemins de fer dont le produit a été versé par Mirès dans la caisse sociale, pour satisfaire aux besoins sociaux.

La quatrième accusation, c'est le bénéfice loyal réalisé sur le chemin de Pamplune au profit exclusif des actionnaires de la Caisse des chemins de fer.

La cinquième accusation, c'est la délivrance des récépissés de la Caisse, constatant le droit des souscripteurs à des obligations de Pampelune.

La sixième, c'est l'emploi pour les besoins sociaux des valeurs en portefeuille.

Ainsi dans cette accusation qui a plongé tant de familles dans le désespoir, pour laquelle on m'a tenu à un secret qui a duré même après l'instruction, on n'a pas trouvé un seul grief contre moi ou qui corresponde à un intérêt personnel!

Il reste encore l'accusation si facile d'un dividende non acquis, mais celle-là j'attends qu'elle soit nettement formulée, car depuis trois ans, je n'ai distribué à mes actionnaires que l'intérêt à 5 0/0 de leurs actions !

Voilà les faits dans toute leur simplicité, dans toute leur vérité ; je les soumets à mes juges et à l'opinion publique.

FIN.

Paris. — Imp. de la Librairie Nouvelle, A. Bourdilliat, 15, rue Breda